MARCHA CRIANÇA

4º ANO ENSINO FUNDAMENTAL

GRAMÁTICA

Maria Teresa Marsico
Licenciada em Letras pela Universidade Federal do Rio de Janeiro (UFRJ).
Pedagoga pela Sociedade Unificada de Ensino Superior Augusto Motta.
Atuou por mais de trinta anos como professora de Educação Infantil e Ensino Fundamental das redes municipal e particular do estado do Rio de Janeiro.

Maria Elisabete Martins Antunes
Licenciada em Letras pela Universidade Federal do Rio de Janeiro (UFRJ).
Atuou durante trinta anos como professora titular em turmas do 1º ao 5º ano da rede municipal de ensino do estado do Rio de Janeiro.

Armando Coelho de Carvalho Neto
Atua desde 1981 com alunos e professores das redes pública e particular de ensino do estado do Rio de Janeiro.
Desenvolve pesquisas e estudos sobre metodologias e teorias modernas de aprendizado.
Autor de obras didáticas para Ensino Fundamental e Educação Infantil desde 1993.

editora scipione

editora scipione

Presidência: Mario Ghio Júnior
Direção editorial: Lidiane Vivaldini Olo
Gerência editorial: Viviane Carpegiani
Gestão de área: Tatiany Renó
Edição: Mariangela Secco (coord.), Silvana dos Santos Alves Balsamão
Planejamento e controle de produção: Flávio Matuguma, Juliana Batista, Felipe Nogueira e Juliana Gonçalves
Revisão: Kátia Scaff Marques (coord.), Brenda T. M. Morais, Claudia Virgilio, Daniela Lima, Malvina Tomáz e Ricardo Miyake
Arte: André Gomes Vitale (ger.), Catherine Saori Ishihara (coord.) e Christine Getschko (edição de arte)
Diagramação: Ponto Inicial Design Gráfico
Iconografia e tratamento de imagem: André Gomes Vitale (ger.), Claudia Bertolazzi e Denise Durand Kremer (coord.), Camila Losimfeldt (pesquisa), Fernanda Crevin (tratamento de imagens)
Licenciamento de conteúdos de terceiros: Roberta Bento (gerente), Jenis Oh (coord.), Liliane Rodrigues e Flávia Zambon (analistas), Raísa Maris Reina (assist.)
Ilustrações: Marcos de Mello (Aberturas de unidade), Ilustra Cartoon
Design: Erik Taketa (ger.) e Gustavo Vanini (proj. gráfico e capa)
Ilustração de capa: Estúdio Luminos

Todos os direitos reservados por Somos Sistemas de Ensino S.A.
Avenida Paulista, 901, 6º andar – Bela Vista
São Paulo – SP – CEP 01310-200
http://www.somoseducacao.com.br

Dados Internacionais de Catalogação na Publicação (CIP)

```
Marsico, Maria Teresa
   Marcha Criança : Gramática 1º ao 5º ano / Maria
Teresa Marsico, Maria Elisabete Martins Antunes,
Armando Coelho de Carvalho Neto. -- 3. ed. -- São Paulo
: Scipione, 2020.
   (Coleção Marcha Criança ; vol. 1 ao 5)

Bibliografia

1. Língua portuguesa - Gramática (Ensino fundamental) -
Anos iniciais I. Título II. Antunes, Maria Elisabete
Martins III. Carvalho Neto, Armando Coelho de IV. Série

                                            CDD 372.61
20-1101
```

Angélica Ilacqua - Bibliotecária - CRB-8/7057

2024
Código da obra CL 745877
CAE 721134 (AL) / 721135 (PR)
ISBN 9788547402891 (AL)
ISBN 9788547402907 (PR)
3ª edição
4ª impressão
De acordo com a BNCC.

Impressão e acabamento: Vox Gráfica / OP: 247402

Uma publicação

Os textos sem referência foram elaborados para esta coleção.

Marcos de Mello/Arquivo da editora

Com ilustrações de Marcos de Mello, seguem abaixo os créditos das fotos utilizadas nas aberturas de Unidade:

UNIDADE 1: Lousa: chainarong06/Shutterstock, **Carteiras escolares:** smolaw/Shutterstock, **Mochila azul:** Africa Studio/Shutterstock, **Mochila vermelha:** JpegPhotographer/Shutterstock.

UNIDADE 2: Carro azul-claro: Perry Harmon/Shutterstock, **Fachada 1:** Steelhead1/Shutterstock, **Fachada 2:** Steelhead1/Shutterstock, **Ponto de ônibus:** PhotonCatcher/Shutterstock, **Banca:** PhotonCatcher/Shutterstock, **Jornais:** Tartila/Shutterstock, **Revistas:** Tartila/Shutterstock, **Nuvem:** Gearstd/Shutterstock.

UNIDADE 3: Estante com livros 1: New Africa/Shutterstock, **Porta:** Stulov Mikhail/Shutterstock, **Estante com livros 2:** Rodrigo S Coelho/Shutterstock, **Tampo de mesa:** Surasak Klinmontha/Shutterstock, **Pilhas de livros 1:** Jure Divich/Shutterstock.

UNIDADE 4: Bola de vôlei: monticello/Shutterstock, **Jogo de xadrez:** Sinisa Bobic/Shutterstock, **Folha de palmeira:** COLOA Studio/Shutterstock, **Folhas costela de Adão:** Christine C Brooks/Shutterstock, **Fachada de escola:** giedre vaitekune/Shutterstock.

APRESENTAÇÃO

Caro aluno, cara aluna,

Pensando em ajudá-los a se tornar leitores e escritores competentes, a coleção **Marcha Criança Gramática** vai prepará-los para dominar uma das maiores realizações humanas: o ato de escrever!

Descobrindo alguns segredos da língua portuguesa, como a combinação de sinais, letras, palavras e ideias, vocês vão dar forma a textos e sentir cada vez mais o prazer de ler e escrever.

Esperamos que gostem da coleção e que, com ela, aprendam muito!

Bons estudos!

Os autores.

CONHEÇA SEU LIVRO

Veja a seguir como o seu livro está organizado.

UNIDADE

Seu livro está organizado em quatro Unidades. As aberturas são compostas dos seguintes boxes:

Entre nesta roda

Você e seus colegas terão a oportunidade de conversar sobre a imagem apresentada e a respeito do que já sabem sobre o tema da Unidade.

Nesta Unidade vamos estudar...

Você vai encontrar uma lista dos conteúdos que serão estudados na Unidade.

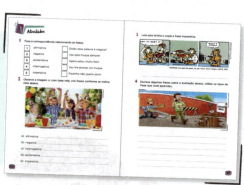

ATIVIDADES

Por meio de atividades diversificadas, nesta seção você vai colocar em prática seus conhecimentos e verificar se os conteúdos foram compreendidos.

NO DIA A DIA

Nesta seção, você vai estudar a gramática em situações de uso e compreender que ela está presente em nosso dia a dia.

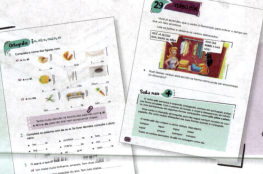

ORTOGRAFIA

Nesta seção, você vai conhecer regras ortográficas e realizar várias atividades para fixar seu aprendizado.

SAIBA MAIS

Boxe com curiosidades e dicas sobre o conteúdo estudado.

AMPLIANDO O VOCABULÁRIO

Algumas palavras estão destacadas no texto e o significado delas aparece sempre na mesma página. Assim, você pode ampliar seu vocabulário.

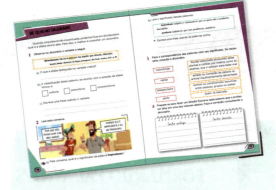

DE OLHO NO DICIONÁRIO

Nesta seção você encontra dicas e sugestões sobre como usar o dicionário para descobrir o significado de palavras.

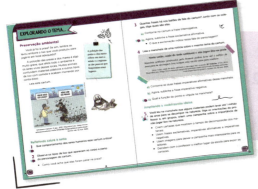

EXPLORANDO O TEMA...

A seção aborda temas variados para você refletir, ampliar seu conhecimento e discutir suas ideias com seus familiares e amigos.

SUGESTÕES PARA O ALUNO

No final do livro, você vai encontrar indicações de livros, CDs, filmes e *sites* para complementar seus estudos.

PENSAR, REVISAR, REFORÇAR

A seção traz atividades que retomam alguns conteúdos estudados no decorrer da Unidade.

⋛ Material complementar ⋚

CADERNO DE JOGOS

Por meio de jogos, você vai estudar a gramática de um jeito muito divertido!

⋛ Quando você encontrar estes ícones, fique atento! ⋚

 Em dupla    Em grupo   Oral    No caderno

SUMÁRIO

UNIDADE 1 — COMBINANDO SONS, FORMANDO PALAVRAS .. 8

- **1** Letra maiúscula e letra minúscula 10
  - De olho no dicionário 14
  - Ortografia: **m** antes de **p** e **b**; **m** e **n** finais 16
- **2** Número de sílabas 18
  - Ortografia: **s**, **ss**; **c**, **ç** 22
- **3** Encontros vocálicos: ditongo, hiato, tritongo 24
  - Ortografia: **a**, **ai**; **o**, **ou**; **e**, **ei** 28
- **4** Encontro consonantal 30
  - Ortografia: Consoante + **r**, consoante + **l** 34
- **5** Dígrafo 36
  - Ortografia: **sc**, **sç**, **xc** 40
- **6** Sílaba tônica 42
  - No dia a dia 46
  - De olho no dicionário 48
  - Ortografia: Consoante não acompanhada de vogal 50
- **7** Acento agudo, circunflexo e grave 52
  - Ortografia: **s** depois de consoante 56
- **8** Acentuação gráfica: monossílabos e oxítonas 58
  - Ortografia: **gu**, **qu** 62
- **9** Acentuação gráfica: paroxítonas e proparoxítonas 66
  - Ortografia: **j**, **g** 70
  - Pensar, revisar, reforçar 72

UNIDADE 2 — ORGANIZANDO A ESCRITA 74

- **10** Sinais de pontuação I 76
  - Ortografia: **ar**, **er**, **ir**, **or**, **ur** 79
- **11** Sinais de pontuação II 83
  - No dia a dia 88
  - Ortografia: **ai**, **ei**, **ou** 90
- **12** Sinais gráficos: acentuação de palavras paroxítonas 92
  - Ortografia: til e cedilha 97
- **13** Tipos de frase 98
  - Ortografia: **r**, **rr** 102
- **14** Sinônimo e antônimo 104
  - De olho no dicionário 108
  - Ortografia: **s**, **z** entre vogais 110
- **15** Artigo definido e artigo indefinido 112
  - Ortografia: **x**, **ch** 115
- **16** Substantivo comum, próprio e coletivo 118
  - Ortografia: Sons do **x** 123
- **17** Substantivo simples, composto, primitivo e derivado 126
  - Ortografia: Palavras terminadas em **-agem**, **-igem** e **-ugem** 131
  - Explorando o tema... Preservação ambiental 132
  - Pensar, revisar, reforçar 134

UNIDADE 3 — CLASSIFICAÇÃO E FLEXÃO DE PALAVRAS 136

- **18** Número do substantivo: singular e plural 138
- Ortografia: **x** com som de **s**; palavras com **s** 142
- **19** Gênero do substantivo: masculino e feminino 144
- No dia a dia 150
- Ortografia: **za, ze, zi, zo, zu; az, ez, iz, oz, uz** 152
- **20** Grau do substantivo: aumentativo e diminutivo 154
- Ortografia: **-inho/-inha, -zinho/-zinha** 159
- **21** Adjetivo 160
- De olho no dicionário 166
- Ortografia: **-oso, -osa** 168
- **22** Grau do adjetivo: comparativo e superlativo 170
- Ortografia: **l, u** 174
- **23** Concordância entre artigo, substantivo e adjetivo 176
- De olho no dicionário 180
- Ortografia: **-ez, -eza; -ês, -esa, -ense** 182
- **24** Pronome pessoal do caso reto e pronome de tratamento 184
- Ortografia: **ns** 190
- **25** Pronomes pessoais do caso oblíquo 192
- Ortografia: **h** inicial; **lh, li** 196
- Pensar, revisar, reforçar 198

UNIDADE 4 — PALAVRAS EM MOVIMENTO 200

- **26** Numeral 202
- Ortografia: mas, mais 208
- **27** Verbo: pessoa, número, tempo e modo 210
- Ortografia: **-am, -ão** 216
- **28** Verbo no infinitivo: conjugações verbais 218
- De olho no dicionário 224
- Ortografia: **-ar, -izar** 225
- **29** Verbo pôr 226
- Ortografia: por que, porque 230
- **30** Sujeito e predicado 232
- Ortografia: onde, aonde 236
- **31** Advérbio 238
- Ortografia: mal, mau 244
- **32** Preposição 246
- Ortografia: pôr, por 251
- **33** Interjeição 252
- No dia a dia 254
- Ortografia: há, a 256
- Explorando o tema... Como vivem os povos indígenas 258
- Pensar, revisar, reforçar 260

SUGESTÕES PARA O ALUNO 262

BIBLIOGRAFIA 264

1 LETRA MAIÚSCULA E LETRA MINÚSCULA

E a aula continua! Veja o que a turma do 4º ano está recordando.

Só para lembrar!

As letras que usamos para escrever formam o nosso alfabeto, que tem 26 letras.

Este é o alfabeto em letras maiúsculas:

A B C D E F G H I J K L M N O P Q R S T U V W X Y Z

A B C D E F G H I J K L M N O P Q R S T U V W X Y Z

Este é o alfabeto em letras minúsculas:

a b c d e f g h i j k l m n o p q r s t u v w x y z

a b c d e f g h i j k l m n o p q r s t u v w x y z

- Usamos letra maiúscula no início de frase e para escrever substantivos próprios.
- A ordem em que as letras aparecem no alfabeto recebe o nome de **ordem alfabética**.

Cada som que forma as palavras chama-se **fonema**. As letras são sinais gráficos que representam os sons da fala na escrita.

Geralmente, cada letra corresponde a um fonema. Veja.

gata	pata	mata
4 letras	4 letras	4 letras
4 fonemas	4 fonemas	4 fonemas

Atividades

1 Você já sabe que todas as pessoas têm nome e sobrenome. Eles são escritos com letra inicial:

☐ minúscula.   ☐ maiúscula.

- Escreva o nome de duas pessoas da sua turma.

....

2 Termine de escrever as palavras do quadro em ordem alfabética.

| javanês | irlandês | ~~argeliano~~ |
| paranaense | ~~argentino~~ | paraense |

a	r	g	e	l	i	a	n	o	
a	r	g	e	n	t	i	n	o	

3 Observe as palavras abaixo.

| rata | mata | pata |

- Agora, complete: Nessas palavras, cada .... representa um fonema. A mudança do .... inicial formou novas palavras.

4 Leia este diálogo.

a) Para deixar o recado para a irmã, Tadeu usou:

☐ sons.   ☐ letras.

b) De que forma Ana recebeu o recado da professora?

....

c) Se Tadeu tivesse gravado um áudio para sua irmã, a mensagem teria sido transmitida por meio da:

☐ fala.   ☐ escrita.

5 Troque apenas a letra inicial no nome da primeira figura e escreva os novos nomes.

nata

....

....

a) Quantas letras têm as palavras acima? ☐

b) Quantos fonemas essas palavras têm? ☐

6 Na língua portuguesa, a letra **h** não representa som no início de palavras. Escreva a letra **h** no início das palavras abaixo.

............erói   ....iena   ....orta

a) Quantas letras têm essas palavras?

....

b) Quantos fonemas têm essas palavras?

....

DE OLHO NO DICIONÁRIO

Consultamos um dicionário quando queremos saber o significado de uma palavra ou obter mais informações sobre ela.

Veja alguns verbetes nesta página de dicionário.

pedir ⇔ pelo

pedir (pe.dir) *verbo*
Dizer gentilmente a alguém que faça algo que se quer ou de que se necessita.
O lanterninha pediu para a plateia não falar durante o filme para não atrapalhar a sessão de cinema.

pedra (pe.dra) *substantivo*
Rocha ou pedaço de rocha dura e sólida.
Existem diversos tipos de pedras, de texturas e cores diferentes, que encontramos na natureza e que podem ter vários usos, como na construção de casas, em joias etc.

pedregulho (pe.dre.gu.lho) *substantivo*
Grande quantidade de pedras miúdas.
Paulo Henrique tropeçou e esfolou o joelho no chão de pedregulho.

pegada (pe.ga.da) *substantivo*
Marca que o pé deixa no solo.
Depois de brincar na lama, o cachorro entrou e deixou suas pegadas pela casa toda.

pegar (pe.gar) *verbo*
1. Segurar, tomar com as mãos ou com outra parte do corpo.
Pâmela pegou o pano sujo com as pontas dos dedos e jogou-o dentro do balde.
2. Ficar doente porque alguém lhe transmitiu a doença.
A menina pegou catapora e está cheia de pintas vermelhas pelo corpo.
3. Entrar ou andar em um veículo.
As duas colegas são vizinhas e pegam o mesmo ônibus para ir à escola.
4. Inflamar-se (fogo).
"Quartel pegou fogo, Francisco deu sinal, acode, acode, acode a bandeira nacional."

peixe (pei.xe) *substantivo*
Animal vertebrado que vive na água; geralmente tem o corpo coberto por escamas e se movimenta por meio de nadadeiras.
As brânquias são os órgãos responsáveis pela respiração dos peixes e é por causa delas que eles conseguem viver debaixo d'água.

pele (pe.le) *substantivo*
1. Membrana que reveste e cobre todas as partes do corpo das pessoas, dos animais vertebrados e de grande número de invertebrados.
As crianças ficaram tanto tempo na piscina que, quando saíram, estavam com a pele dos dedos enrugada.
2. Couro de animal, geralmente com pelos macios.
Antigamente, as pessoas caçavam os animais, comiam a sua carne e usavam a pele deles para se proteger do frio porque não tinham como se aquecer.
3. A casca de alguns frutos.
Pepita tira a pele do caqui antes de comê-lo.

pelo (pe.lo) (ê) *substantivo*
Fio ou conjunto de fios que crescem na pele dos animais mamíferos e em algumas partes do corpo humano.
Papai precisa aparar os pelos do bigode.
Plural pelos.

194

Saraiva infantil de A a Z: dicionário da língua portuguesa ilustrado.
São Paulo: Saraiva, 2008.

1 Quantos verbetes tem a página de dicionário reproduzida?

....

2 Qual letra será apresentada depois da letra **p**?

....

3 Se os verbetes **pedreiro** e **peixaria** fossem encaixados nessa página do dicionário, qual seria a posição deles?

- **pedreiro**: entre .... e ....

- **peixaria**: entre .... e ....

4 Para encontrar uma palavra no dicionário, podemos observar as palavras-guia que ficam no alto de cada página. Quais são as palavras-guia da página reproduzida?

....

5 Consulte, na página reproduzida, o verbete **pedregulho** e complete as informações sobre ele.

- Verbete:

  ....

- Significado:

  ....

  ....

- Frase de exemplo do uso do verbete:

  ....

  ....

  ....

Ortografia — m antes de p e b; m e n finais

1 Leia um trecho do poema **Todos** e complete as palavras com **m** ou **n**.

Todos

Seja e............ Paris ou na Espanha,

No Zaire ou na Grã-Bretanha,

A............gola ou Botucatu;

Moça............bique ou Mar de Espanha,

Fortaleza ou Tra............silvânia,

Na Grécia ou To............buctu;

[...]

Todo mu............do, todo o te............po,

Te............ direito a proteção.

A lei existe para todos,

Se............ nenhuma disti............ção.

Pois somos todos pessoas!

Não pode haver exceção!

Toda criança do mundo mora no meu coração, de Ruth Rocha. São Paulo: Salamandra, 2014.

a) Leia em voz alta as palavras formadas.

b) Agora, observe as letras destacadas nas palavras abaixo e complete a informação a seguir.

| se**m** | Moça**m**bique | te**m**po |

A letra **m** é usada antes de .... e .... e no final de algumas palavras.

2 A letra **m** e a letra **n** também são usadas no final de certas palavras. Ouça as palavras que o professor vai ditar e escreva-as no quadro, na coluna correspondente.

Palavras terminadas em **m**	Palavras terminadas em **n**

16

3 Observe os dois grupos de palavras.

| bombeiro |
| exemplo |
| tampa |
| embrulho |

| ponteiro |
| criança |
| vendedor |
| lindo |

- Agora, leia as regras abaixo sobre o uso do **m** e do **n** e copie a regra adequada para cada grupo.

> Usa-se **m** antes de **p** e **b**.
> Usa-se **n** antes das outras consoantes.

Grupo 1: ....

Grupo 2: ....

4 Leia os haicais e complete as palavras com **m** ou **n**.

Primeiro, eu te..........to,
Se o ve..........to não ve..........tar,
Eu i..........ve..........to!

Faço um estudo
Pra saber se vou ter te..........po
De fazer tudo.

É co..........venie..........te
Ter aquela paciência
Co.......... os pais da gente.

Co..........versa co..........prida:
O vô e o neto, lá lo..........ge...
Fala..........do da vida.

Os hai-kais do Menino Maluquinho, de Ziraldo.
São Paulo: Melhoramentos, 2013.

2 NÚMERO DE SÍLABAS

Leia esta parlenda em voz alta.

Uni duni tê
Salamê minguê
Um sorvete colorê
O escolhido foi você!

Uni duni tê
Salamê minguê
Um sorvete colorê
Pra você lamber!

Parlenda popular.

Cada parte da palavra que é pronunciada de uma só vez é chamada de **sílaba**.

- Quantas sílabas têm as palavras destacadas na parlenda?

As palavras podem ser classificadas de acordo com o número de sílabas que contêm.

Palavra	Número de sílabas	Classificação
um	uma sílaba	monossílaba
você	duas sílabas	dissílaba
sorvete	três sílabas	trissílaba
escolhido	quatro sílabas	polissílaba

As palavras com mais de quatro sílabas também são classificadas como **polissílabas**.

Atividades

> Não existe sílaba sem vogal.

1 Descubra e escreva as sílabas que completam o nome dos animais.

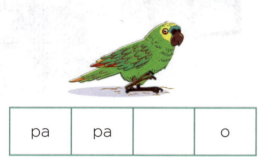

| pa | pa | | o |

| ou | | ço |

| ba | | a |

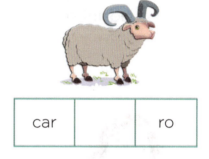

| car | | ro |

2 Leia a quadrinha.

Um garboso cisne dinamarquês,
Que já foi feio e desprezado,
Ou um apressado coelho branco,
Se dizendo sempre atrasado?

O que é que te diverte?, de Eliardo França. São Paulo: Caramelo, 2015.

a) Separe as sílabas do nome dos animais.

....

b) Quantas sílabas têm essas palavras?

....

c) Essas palavras são, respectivamente:

☐ monossílaba e trissílaba.   ☐ dissílaba e polissílaba.   ☐ dissílaba e trissílaba.

3 Assinale a frase escrita somente com palavras monossílabas.

☐ Vejo a chuva da janela.

☐ O pé de Gil não dói.

☐ O céu está ensolarado.

☐ Leo viu a Lua no céu.

4 Complete o diagrama com o nome das figuras. Escreva uma sílaba em cada quadrinho.

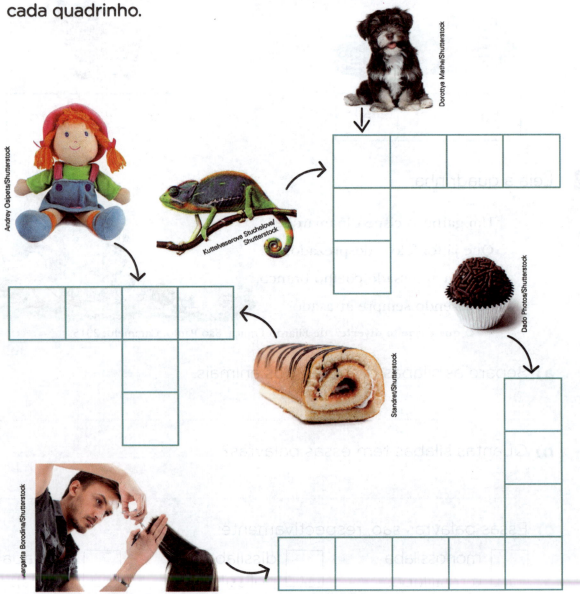

5 Em grupos, escrevam palavras polissílabas conforme indicado a seguir. O grupo que escrever mais palavras será o vencedor!

a) Nome de animal: ....
....
....

b) Nome de fruta: ....
....
....

c) Nome de objeto: ....
....
....

6 Complete os quadrinhos com as vogais que faltam em cada sílaba. Depois, escreva o nome das figuras e indique sua classificação.

| m....... | l....... n | c....... | .... |

....
....

| m....... | l....... |

....
....

| m....... | r....... n | g....... |

....
....

7 Você vai brincar com os colegas de **Monta-palavras**. Nesse jogo, você vai juntar cartas com sílabas para formar palavras. Siga as orientações do professor.

21

Ortografia s, ss; c, ç

1 Leia as palavras do quadro em voz alta e observe as letras destacadas.

seca	**c**ebola	**s**inalização	pa**ss**eio	dan**ç**a
semana	**c**inema	**s**imples	depre**ss**a	almo**ç**o
segundo	**c**elular	**s**ilêncio	discu**ss**ão	ca**ç**ula

- Existe diferença na pronúncia das letras **s**, **c**, **ss** e **ç** nas palavras acima?

  ☐ sim ☐ não

2 Complete as palavras com **s**, **ss** ou **ç**.

- demi............ão
- ....o............ego
- aterri............agem
- ....inal
- gira ....ol
- ....o............egado
- ....ereia
- cal ....ado
- bú............ola
- op............ão
- len............ol
- ge............o
- disfar............ar
- Igua............u
- terra............o

> Usamos **ss** sempre entre vogais.
> A letra **ç** é usada antes de **a**, **o**, **u** e nunca inicia palavra.

3 Escreva o nome de cada parte do corpo indicada.

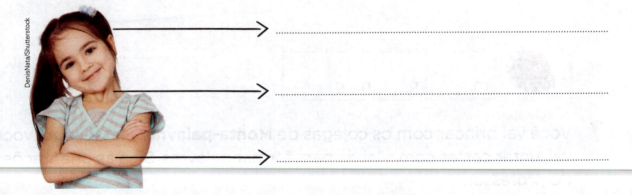

22

4 Complete as palavras abaixo com **s** ou **ss**.

- bol..........a
- pa..........agem
- ur..........o
- ....ilêncio
- ....aboneteira
- men..........agem
- ....orte
- dino..........auro
- va..........oura

a) Agora, distribua as palavras nas colunas adequadas.

s no início da palavra	s depois de consoante	ss entre vogais

b) Leia em voz alta as palavras formadas. O que você observa no som de **s** e **ss**?

5 Complete as frases com as palavras do quadro.

| poça | possa | posso | poço |

a) Mamãe, eu .... ir à casa da Cíntia?

b) João cavou um .... no sítio.

c) Escorreguei em uma .... de água suja.

d) Talvez eu .... sair mais cedo hoje.

6 Escreva novas palavras a partir dos verbos. Veja o exemplo.

- acentuar: *acentuação*
- educar: ....
- classificar: ....
- criar: ....

3 ENCONTROS VOCÁLICOS: DITONGO, HIATO, TRITONGO

Você conhece o livro **Dedé e os tubarões**? Leia o texto a seguir.

A última **coisa** que Lelê **queria** era tomar conta do Dedé, **seu irmão** pequeno. O menino só **queria** saber de mapas, globos, atlas e **sua** nova descoberta: brincar com o [...] tablet do **pai**.

Mas **quando** Dedé **pediu** para a irmã buscar os **tubarões** na tela, Lelê **achou** graça e **resolveu** entrar na **brincadeira**. Só **não** imaginava que aquilo era o início de uma grande aventura, misturando o mundo **real** e o **virtual**, com **muitos** perigos e **tubarões** no caminho.

Dedé e os tubarões, de Alessandra Roscoe e Leo Cunha. São Paulo: Escarlate, 2013.

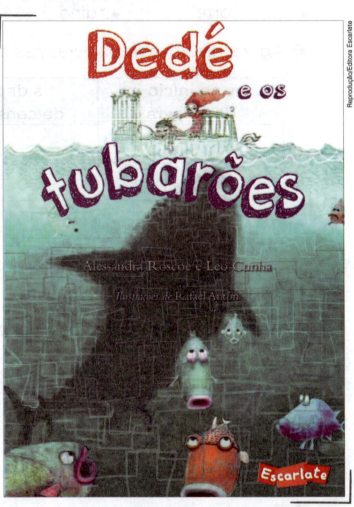

As palavras destacadas no texto possuem encontro vocálico. Observe algumas delas:

c**oi**sa   tubar**õe**s   r**ea**l   virt**ua**l

Quando duas ou mais vogais aparecem juntas em uma palavra, elas formam um **encontro vocálico**.

Veja agora a separação de sílabas dessas palavras.

coisa → c**oi**-sa

tubarões → tu-ba-r**õe**s

real → r**e**-**a**l

virtual → vir-t**u**-**a**l

Repare que nas palavras **coisa** e **tubarões** o encontro vocálico acontece na mesma sílaba. Já nas palavras **real** e **virtual**, o encontro vocálico ocorre em sílabas diferentes.

As palavras **coisa** e **tubarões** apresentam um encontro de vogais chamado **ditongo**.

> **Ditongo** é o encontro de duas vogais pronunciadas de uma só vez na mesma sílaba.

As palavras **real** e **virtual** apresentam um encontro de vogais chamado **hiato**.

> **Hiato** é o encontro de duas vogais pronunciadas em sílabas diferentes.

Leia esta tirinha.

As melhores tiras da Mônica, de Mauricio de Sousa. v. 1. São Paulo: Panini Books, 2008.

Leia a palavra **iguaizinhos** em voz alta, pausadamente. Perceba que ela é dividida em quatro sílabas: **i-guai-zi-nhos**. Na sílaba **guai** aparecem três vogais juntas.

A palavra **iguaizinhos** apresenta um encontro vocálico chamado **tritongo**.

> **Tritongo** é o encontro de três vogais pronunciadas de uma só vez na mesma sílaba.

Atividades

1 Copie no caderno as palavras destacadas no texto da página 24, separe as sílabas e classifique os encontros em ditongo, hiato ou tritongo.

2 Contorne os encontros vocálicos das palavras e separe suas sílabas. Veja o exemplo.

- cidadão: ci-da-dão
- enxaguei: ....
- sanduíche: ....
- saguão: ....
- moeda: ....
- higiene: ....

- Uruguai: ....
- eleições: ....
- autor: ....
- animais: ....
- iguais: ....
- violeta: ....

a) Agora, distribua as palavras no quadro.

Ditongo	Hiato	Tritongo

b) Escolha duas palavras do quadro e escreva uma frase com elas.

....

....

3 Complete as palavras com ditongos.

a) Emíl............... e t............... Nastác............... s............... personagens de histór...............s de Mont...............ro Lobato.

b) P...............la cheg............... do cabel...............r...............ro e logo f............... mostrar o novo visual para sua tia.

c) O ....tor termin............... um novo capítulo do livro que está escrevendo.

4 Leia esta informação.

> As aldeias dos ianomâmi costumam ser construídas em clareiras no meio da Floresta Amazônica. Em muitas delas só se chega a pé ou de avião! Podem ser formadas por apenas uma imensa casa em formato de cone, com estrutura de madeira recoberta com folhas de palmeiras, e com o centro aberto. Nessa casa-aldeia podem morar de cinquenta a duzentas pessoas, ou até mais! Na floresta ao redor, os ianomâmi caçam e coletam alimentos, sementes, palmeiras e outros materiais.
>
> Os ianomâmi vivem no Brasil e na Venezuela. São mais ou menos 35 mil pessoas das quais cerca de 15 mil vivem no nosso país, nos estados do Amazonas e Roraima. Existem pelo menos quatro línguas da família linguística ianomâmi. [...]
>
> **Aldeias, palavras e mundo indígenas**, de Valéria Macedo. São Paulo: Companhia das Letrinhas, 2015.

- Copie do texto, separando as sílabas:

a) uma palavra trissílaba, iniciada por vogal, com ditongo;

....

b) uma palavra monossílaba com tritongo;

....

c) duas palavras polissílabas com hiato.

....

Ortografia → a, ai; o, ou; e, ei

1 Complete o nome das figuras com:

a) **a** ou **ai**.

c…………xa   c…………sca   f…………xa

b) **e** ou **ei**.

p…………xe   d…………nte   chuv…………ro

c) **o** ou **ou**.

tes…………ra   s…………fá   cen…………ra

> Tenha muita atenção na escrita das palavras com **a**, **ai**, **e**, **ei** e **o**, **ou**, para não tirar nem acrescentar vogais.

2 Complete as palavras com **ou** ou **o**. Se tiver dúvidas, consulte o dicionário.

- tes…………ra
- profess…………ra
- bes…………ro
- lag…………a
- marip…………sa
- cor…………a
- d…………rado
- aç…………gue
- vass…………ra

3 O que é, o que é? **Dica**: as duas palavras têm **ou** e **o**.

a) Um metal muito brilhante, amarelo. Tem duas sílabas. ………………………

b) Uma das quatro estações do ano. Tem três sílabas. ………………………

4 Leia o texto a seguir.

Você já fez os próprios brinquedos?

Eu quero que você faça uma coisa: olhe bem para os brinquedos que você tem guardados, mesmo aqueles que você não usa mais. Sabe quem deu cada um deles a você? Quanto tempo brincou com eles, e quantas vezes?

Por acaso tem algum brinquedo que foi feito por você mesmo? Eu acho que não: a maioria das crianças gosta de ganhar brinquedos prontos, mas depois eles ficam guardados a maior parte do tempo, não é assim mesmo que acontece?

Brinquedo legal, que dá brincadeira boa, daquelas que você nem percebe o tempo passar, é aquele que tem alguma história, ou que você mesmo fez. Então, hoje vou lançar um desafio a todas as crianças que leem esta coluna: fazer seu próprio brinquedo.

[...]

Rosely Sayão. **Folha de S.Paulo**, São Paulo, 8 ago. 2015. Folhinha. Disponível em: <https://m.folha.uol.com.br/colunas/quebracabeca/2015/08/1665850-voce-ja-fez-os-proprios-brinquedos.shtml>. Acesso em: 5 maio 2020.

- Copie as palavras do texto que têm os ditongos **ei** e **ou**.

....

5 Complete as palavras com **ei** ou **e**, acentuando-as quando necessário.

- band............ra
- m............s
- carangu............jo
- cer............ja
- carn............ro
- f............ra

- coqu............ro
- lapis............ra
- talv............z
- fregu............s
- mant............ga
- tr............s

4 ENCONTRO CONSONANTAL

Você sabe o que são fósseis? Leia o texto.

O que são fósseis?

Na natureza, quando **restos** de animais ou **plantas** (ou ainda **vestígios** de animais ou plantas) são **preservados** na **superfície** de rochas, no solo ou em **outros** sedimentos ao longo de muito tempo, eles são chamados fósseis. Estudando esses vestígios do passado, os paleontólogos podem tirar **conclusões sobre** como era a vida na Terra antes mesmo de a **espécie** humana **existir**. [...]

Ciência Hoje das Crianças, ano 27, n. 256. Rio de Janeiro: SBPC, maio 2014.

- A definição de fósseis é o que você tinha imaginado?
- Contorne as consoantes que aparecem juntas nas palavras abaixo.

| plantas | restos | preservados | conclusões | espécie |
| outros | superfície | vestígios | sobre | |

Encontro consonantal é o encontro de duas ou mais consoantes na mesma palavra.

O encontro consonantal pode ocorrer:

Na mesma sílaba	Em sílabas diferentes
pl an-tas	res-tos
pre-ser-va-dos	pre-ser-va-dos
con-clu-sões	es-pé-cie
ou-tros	su-per-fí-cie
so-bre	ves-tí-gios

Atividades

1 Observe os quadrados e suas cores.

pac | dig | ad | vo | to | ga | no | do

a) Junte as sílabas de mesma cor e descubra que palavras elas formam. Em seguida contorne os encontros consonantais.

....

....

b) Os encontros consonantais dessas palavras são:

☐ separáveis.   ☐ inseparáveis.

2 Escreva as palavras a seguir na coluna correspondente, separando cada uma delas em sílabas.

> adversário   treinador   prático   captar
> brinquedo   recepção   helicóptero   clarinete

Encontros consonantais separáveis	Encontros consonantais inseparáveis

3 Complete as palavras das frases com encontros consonantais.

a) O pro................ema de ir à ....aia hoje é o ....io.

b) Um beija-................or pesa, em média, 10 ....amas.

31

4 Leia uma dica para conservar as florestas.

Cumprir a lei

O Código Florestal Brasileiro apresenta muitas formas de conservar as florestas, destacando cuidados com os mananciais (nascentes), as margens dos cursos dos rios, as espécies ameaçadas de extinção, regiões de mangues e outros ambientes de grande fragilidade. Que tal se informar melhor sobre o que podemos e o que não podemos fazer com as nossas florestas?

Ciência Hoje das Crianças, ano 28, n. 265.
Rio de Janeiro: SBPC, mar. 2015.

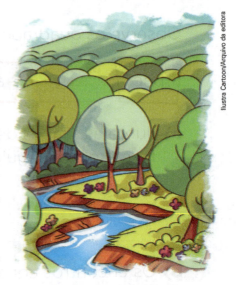

a) Observe os encontros consonantais das palavras e contorne em cada quadro a palavra "intrusa". Depois justifique sua resposta.

sobre	conservar
brasileiro	outros
formas	informar
fragilidade	florestas

....

....

....

....

b) Copie do texto outras palavras com encontro consonantal.

....

....

....

32

5 Leia as placas e complete-as com uma palavra que tenha encontro consonantal.

NÃO PISE NA ....

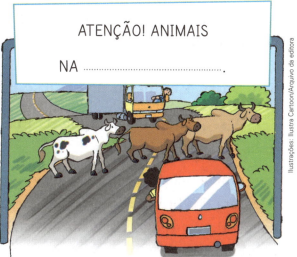

ATENÇÃO! ANIMAIS

NA ....

CUIDADO! CACHORRO

....

ATRAVESSE NA FAIXA DE

....

.... UM E GANHE O

....

CIRCULAÇÃO EXCLUSIVA DE

....

Ortografia: Consoante + r, consoante + l

1 Você costuma ler resenhas de filmes? Leia um trecho de uma resenha do filme **Toy Story 4**.

Toy Story 4 mantém diversão e reflexão dos filmes anteriores

A sequência da franquia da Pixar e da Disney traz ainda novos personagens e cenários inéditos.

Quem achava que a ida de Andy para a faculdade acabaria de vez com a aventura dos brinquedos de *Toy Story* se enganou. Depois do encerramento bem-sucedido da trilogia da Pixar e da Disney com *Toy Story 3*, em 2010, a franquia continua com uma surpreendente quarta sequência.

Toy Story 4 mantém as qualidades da franquia que estreou em 1995 como o primeiro filme feito totalmente em computador: é graficamente bonita, divertida, emocionante e traz importantes **reflexões** sobre a vida.

No novo longa, Woody, Buzz e companhia ganham uma nova dona: a garotinha Bonnie, para quem os brinquedos de Andy foram doados. Na nova casa, o caubói já não é mais o brinquedo preferido. Mesmo deixado de lado em um armário empoeirado, Woody continua provando que pode ser um ótimo amigo para a nova dona.

[...]

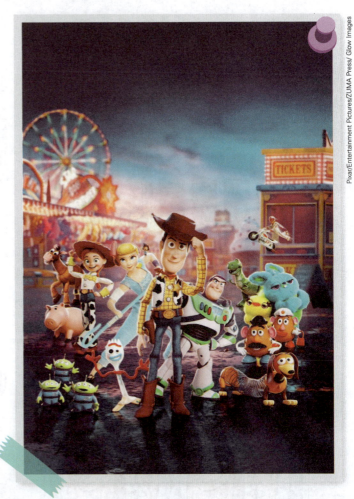

Toy Story 4 mantém diversão e reflexão dos filmes anteriores. **Jornal Joca**, 19 jun. 2019. Disponível em: <www.jornaljoca.com.br/toy-story-4-mantem-diversao-e-reflexao-dos-filmes-anteriores/>. Acesso em: 17 mar. 2020.

- Agora, assinale a frase em que o sentido da palavra **meditações** é o mesmo que o atribuído à palavra **reflexões** na resenha lida.

☐ Não consegui me concentrar durante as **meditações**.

☐ A história trouxe momentos de importantes meditações sobre a vida.

2 Use as sílabas do quadro abaixo para completar as palavras a seguir.

fle	brin	bre	pri	cres
	pro	tra	pre	

- ....quedos
- ....meiro
- a..........centa
- re..........xões

- ....ma
- so..........
- sur..........endente
- ....vando

3 Consulte o dicionário e escreva o significado das seguintes palavras retiradas do texto lido.

- Trilogia: ....
....
....
....

- Franquia: ....
....
....
....

5 DÍGRAFO

Leia o texto a seguir.

Como se orientar sem uma bússola

Nem sempre temos uma **bússola** no bolso. Às vezes nem bolsos temos, aliás. Mas alguns trazem no pulso algo igualmente útil para orientação: um relógio!

Faça assim: ponha o relógio no **chão** e finque uma estaca na posição vertical ao lado dele. Agora gire o relógio até que a **sombra** da estaca encubra o ponteiro das horas. Pronto: o Sul fica na **linha** imaginária que cruza o meio entre a sombra e o número 12. Por exemplo, às quatro horas da tarde a linha imaginária entre a sombra e o número 12 passa pelo número 2, como mostra a ilustração. Se fossem oito horas da manhã, esta linha passaria pelo número 10. Assim que você descobrir onde fica o Sul, será fácil obter a posição dos demais pontos cardeais.

O manual dos exploradores curiosos. Caxias do Sul, RS: Culturama, 2019. p. 17.

Observe, em algumas palavras extraídas do texto, as duas letras destacadas. Elas representam, em todas as palavras, um único som:

bú**ss**ola   **ch**ão   s**om**bra   li**nh**a

Dígrafo é o encontro de duas letras que representam um só fonema, isto é, representam um único som.

Conheça alguns dígrafos da língua portuguesa.

Observe agora a diferença de pronúncia nos grupos **qu** e **gu**.

querido/**qu**itanda   conse**qu**ência/tran**qu**ilo

guerra/**gu**itarra   a**gu**entar/lin**gu**iça

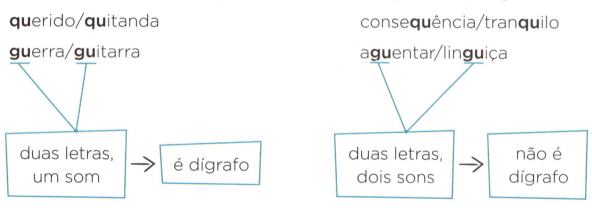

Nos dígrafos, a letra **u** dos grupos **qu** e **gu** não é pronunciada, como em **querido**, **quitanda**, **guerra**, **guitarra**. Portanto, ouvimos apenas **um som**.

Não se separam as letras dos dígrafos **ch**, **nh**, **lh**, **gu**, **qu**.
Exemplos: cha-péu, ni-nho, i-lha, gui-tar-ra, que-ro.
Separam-se as letras dos dígrafos **rr**, **ss**, **sc**, **sç**, **xc**.
Exemplos: cor-ri-da, mas-sa, des-cer, cres-ça, ex-ce-to.

- Leia em voz alta as palavras abaixo e contorne as que têm dígrafos.

    pinho   quente   sequência   sonho

    lanche   água   águia   nascer

37

Atividades

1 Separe as sílabas das palavras.

- garrafa: ....
- bilhete: ....
- piscina: ....
- cresço: ....
- chapéu: ....

- pêssego: ....
- águia: ....
- queijo: ....
- gafanhoto: ....
- excelente: ....

a) Escreva os dígrafos inseparáveis dessas palavras.

....

b) Escreva os dígrafos separáveis dessas palavras.

....

2 No texto abaixo, contorne as palavras conforme as cores indicadas.

- encontro consonantal
- dígrafo
- encontro consonantal e dígrafo

Glorinha era uma menina muito curiosa.

A cozinheira não podia trabalhar sossegada.

— O que tem dentro dessa panela?

— Por que você chora quando corta cebola?

[...]

A curiosidade premiada, de Fernanda Lopes de Almeida. São Paulo: Ática, 2009.

3 Leia as palavras abaixo e distribua-as nas colunas adequadas, separando suas sílabas.

> exportar   proteger   dinheiro   carrossel   nascido
> desça   agradar   chuteira   alfabeto   postal   objeto
> triplicar   fogueira   excesso   atlas   olho

| Encontro consonantal || Dígrafo ||
na mesma sílaba	em sílabas diferentes	na mesma sílaba	em sílabas diferentes

4 Distribua as palavras do quadro de acordo com o que se pede.

> quadra   piscina   quilo   rosca   brinquedo   choque

a) Palavra com encontro consonantal e dígrafo. ....

b) Palavra em que a letra **u** do grupo **qu** é pronunciada, portanto não forma dígrafo. ....

c) Palavra em que a letra **u** do grupo **qu** não é pronunciada, portanto forma dígrafo. ....

d) Palavra com dois dígrafos. ....

e) Palavra em que **sc** não é dígrafo. ....

f) Palavra em que **sc** é dígrafo. ....

Ortografia — sc, sç, xc

1 Leia.

VOCÊ ESTAVA **EXCELENTE** NO JOGO, **PRISCILA**! QUE SEU TALENTO **CRESÇA** MAIS A CADA DIA!

- Complete.

  Nas palavras destacadas, os dígrafos ...., ... e .... representam o som **sê**.

2 Complete as frases com as palavras do quadro.

| adolescente | descendente | exceto |
| fascinante | excesso | floresçam |

a) Meu melhor amigo é .... de alemães.

b) Como é .... viajar pelo Brasil!

c) Devemos evitar alimentos com .... de açúcar e gordura.

d) Tomara que as plantas .... até o fim da primavera.

e) Com 13 anos você já é um ....

f) Todos foram ao passeio, ... eu.

3 Escreva as palavras do quadro da atividade 2 separando suas sílabas.

....

....

....

....

4 Ordene as sílabas, forme palavras e distribua-as no quadro.

cen	cres	te

ce	ção	ex

ça	des

....

....

....

lên	ex	cia	ce

ci	na	dis	pli

ço	cres

....

....

....

na	ci	fas	ção

ex	co	tri	cên

ço	nas

....

....

....

xc			
sc			
sç			

5 Contorne as palavras cujas letras **sc** não formam dígrafo.

pesca   nascimento   piscina   escola
descida   desculpa   escuro   crescer

6 SÍLABA TÔNICA

Leia a tirinha a seguir.

Armandinho cinco, de Alexandre Beck. Florianópolis: A. C. Beck, 2015.

- Você sabe o significado da expressão **muito mais em conta**, que aparece no 1º quadrinho? Justifique sua resposta.

- Agora leia estas palavras retiradas da tirinha em voz alta e observe a sílaba tônica destacada em cada uma delas.

  diver**ti**do   **Pás**coa   **mui**to   vo**cê**   eco**nô**mico

Repare que em algumas palavras há um sinal sobre a vogal da sílaba tônica. Esse sinal gráfico é chamado **acento gráfico**.

> A sílaba pronunciada com mais força é chamada de **sílaba tônica**.

Quanto à posição da sílaba tônica, as palavras com mais de uma sílaba podem ser oxítona, paroxítona, proparoxítona. Veja:

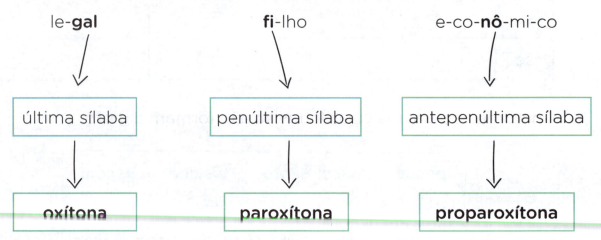

Atividades

1 Contorne a sílaba tônica das palavras e faça como no exemplo.

(ór)gãos [ór]   repórter [   ]   tênis [   ]

sótão [   ]   fóssil [   ]   lápis [   ]

- Todas essas palavras possuem acento gráfico. Elas são:

[ ] oxítonas.   [ ] paroxítonas.   [ ] proparoxítonas.

> As palavras paroxítonas terminadas em –i(s), -l, -r, -ão(s) possuem acento gráfico.

2 Complete os espaços do texto com a sílaba tônica das palavras. Consulte o quadro.

| gun | vin | mu | lô | tân | re | fes | chor | sem | ção | guém | tin |

Ouvindo e voltando

Ouvir como o cão,
a maior revolu_____.
O_____lha de au-au, uau!
Isso que é audição.
Prezado ou_____te:
o ouvido do ca_____ro
vale por dez ou vinte.
Escutar a qui_____metros
de dis_____cia
no início
foi uma _____ta.

Mas depois deu muita briga,
virou ba_____ça.
Se falassem mal dos outros,
_____pre tinha al_____ ouvindo.
Foram ficando todos _____dos
e acabaram la_____do.

A moda genética, de Ricardo Silvestrin.
São Paulo: Ática, 2009.

3 Cante a cantiga com os colegas. Depois contorne a sílaba tônica das palavras destacadas.

Meu **limão**, meu **limoeiro**
Meu pé de **jacarandá**
Uma vez, **tindolelê**
Outra vez, **tindolalá**

Cantiga popular.

Ilustra Cartoon/Arquivo da editora

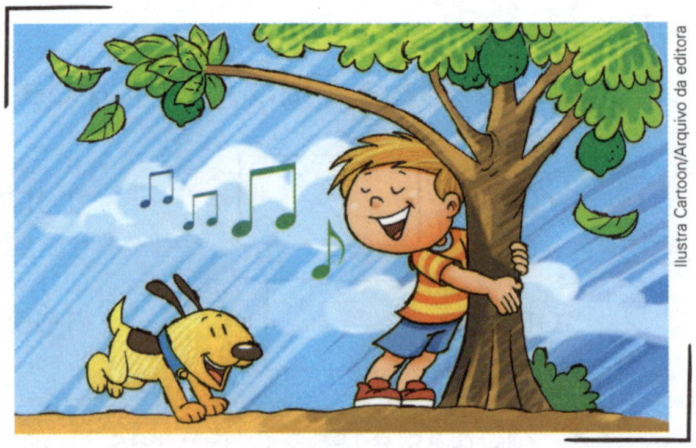

4 Contorne a sílaba tônica das palavras destacadas e marque um **X** na posição que ela ocupa.

a) Vovó é uma pessoa **sábia**. Conhece até o canto dos pássaros.

- [ ] última
- [ ] penúltima
- [ ] antepenúltima

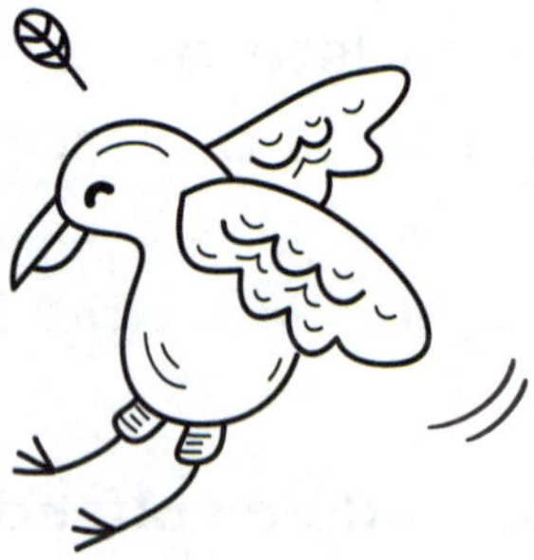

b) Eu não **sabia** o nome dessa ave.

- [ ] última
- [ ] penúltima
- [ ] antepenúltima

c) O **sabiá** sabe assobiar.

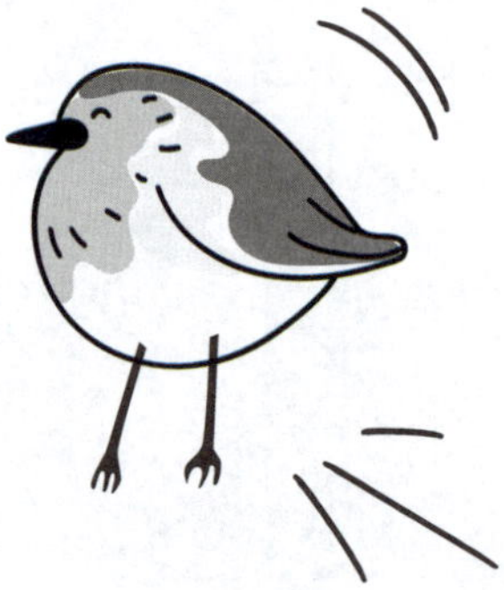

- [ ] última
- [ ] penúltima
- [ ] antepenúltima

5 Descubra a resposta para as adivinhas. **Dica**: as respostas são palavras trissílabas e proparoxítonas.

O que é, o que é?
Possui corrente e não é relógio, possui rosca e não é parafuso?

....

O que é, o que é?
Só serve quando se arremessa?

....

Charadas da Charalina, de Nelson Albissú. São Paulo: Paulinas, 2004.

- Agora, desenhe no espaço abaixo as figuras correspondentes às suas respostas.

6 Separe as sílabas das palavras, contorne a sílaba tônica e classifique-as. Veja o exemplo.

- abacaxi: a-ba-ca-(xi) → polissílaba oxítona

- onça: ....

- dominó: ....

- hipopótamo: ....

- carrinho: ....

- pêssego: ....

- tamanduá: ....

NO DIA A DIA

Como você já aprendeu, sílaba tônica é aquela pronunciada com mais força na palavra.

Muitas vezes observamos em telejornais, por exemplo, destaques que os jornalistas dão para determinadas sílabas na fala com a intenção de chamar a atenção do ouvinte ou telespectador.

1 Observe a fala de um jornalista e as sílabas que ele enfatiza na frase.

- Escolha outras palavras da fala do jornalista que não tenham sido destacadas e pinte as sílabas que você acha que poderiam ser enfatizadas. Depois, explique aos colegas por que as pintou.

2 Recorte do jornal uma pequena notícia sobre um assunto da atualidade.

a) Cole a notícia abaixo, leia-a em voz baixa e pinte as sílabas que você acha que poderiam ser enfatizadas na leitura.

b) Leia a notícia para a turma, pronunciando as sílabas destacadas com mais força.

DE OLHO NO DICIONÁRIO

Quando uma palavra não é acentuada, podemos ficar em dúvida sobre qual é a sílaba tônica dela. Para isso, o melhor é consultar um dicionário.

1 Observe no dicionário o verbete a seguir.

> **divertimento** (di.ver.ti.**men**.to) sm Aquilo que diverte, distração.
>
> **Saraiva Júnior**: dicionário da língua portuguesa. São Paulo: Saraiva, 2011. p. 90.

a) O que a sílaba destacada no verbete indica?

_____

b) A classificação dessa palavra, de acordo com a posição da sílaba tônica, é:

☐ oxítona.   ☐ paroxítona.   ☐ proparoxítona.

c) Escreva uma frase usando o verbete.

_____
_____

2 Leia esta conversa.

a) Pela conversa, qual é o significado da palavra **imprudente**?

b) Leia o significado destas palavras.

> **imprudente** (adjetivo e substantivo): que ou quem não é prudente; descuidado.
>
> **prudente** (adjetivo): que tem prudência; cauteloso.

- Escreva uma frase usando as palavras acima.

_____

_____

3 Faça a correspondência das palavras com seu significado. Se necessário, consulte o dicionário.

subnutrição	líquido adocicado produzido pelas plantas e colhido por insetos como as abelhas, que o utilizam para fazer mel
néctar	estado ou condição de pessoa ou animal insuficientemente alimentado
telespectador	acordo ou compromisso assumido entre pessoas, grupos ou países
pacto	quem vê televisão

4 Prepare-se para fazer um ditado! Escreva cada palavra que o professor ditar em uma das colunas abaixo. Faça a correção consultando o dicionário.

Tenho certeza	Tenho dúvida

Ortografia: Consoante não acompanhada de vogal

1 Compare estas palavras, observando as letras em destaque.

peneira
adivinhar
obediente

→ a consoante é acompanhada de vogal

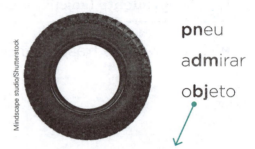

pneu
admirar
objeto

→ a consoante não é acompanhada de vogal

As consoantes não acompanhadas de vogal também formam **encontros consonantais**. A primeira consoante é levemente pronunciada.

Na separação silábica, esses encontros consonantais ficam em sílabas separadas quando não iniciam palavra.

- Leia as palavras e contorne os encontros consonantais. Depois complete as frases com elas.

psicólogo	subtração	técnico	opção
subterrâneo	advogado	gnomos	digno

a) O .... pediu a opinião de um ....

b) Na conta de .... havia duas opções. Escolhi a .... errada!

c) O .... da seleção de basquete foi muito elogiado.

d) Todo ser humano é .... de respeito.

e) O metrô é um meio de transporte ....

f) Adoro histórias sobre .... e duendes.

2 Use as sílabas do quadro para completar as palavras abaixo. Depois, escreva no caderno as palavras formadas.

| psi | obs | rup | ad | fec | sub |

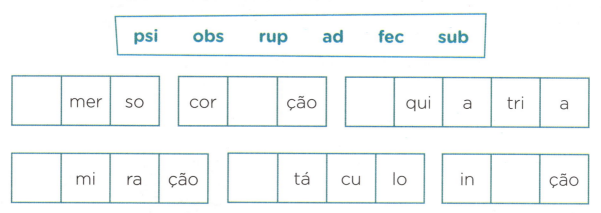

3 Complete as palavras com uma consoante.

- aspe............to
- conce............ção
- ba............téria
- exce............cional
- o............servação
- impa............to
- o............jetivo
- cara............terística
- helicó............tero

4 Encontre dez palavras com consoante não acompanhada de vogal.

D	R	E	C	E	P	Ç	Ã	O	G	H	S	A
E	C	F	Z	S	U	B	M	A	R	I	N	O
A	I	I	N	D	I	G	N	A	Ç	Ã	O	H
T	E	C	N	O	L	O	G	I	A	G	T	B
P	H	G	V	I	G	N	O	R	A	N	T	E
A	D	J	E	T	I	V	O	Z	X	C	D	I
W	D	I	T	R	A	B	S	U	R	D	O	T
F	A	D	V	O	C	A	C	I	A	T	R	B
R	É	P	T	I	L	I	M	P	A	C	T	O

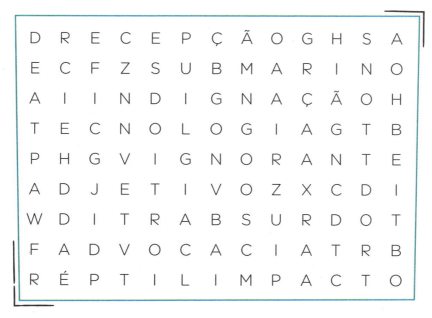

- No caderno, distribua as palavras de acordo com a consoantes que aparecem não acompanhadas de vogal.

| b | c | d | g | p |

7 ACENTOS AGUDO, CIRCUNFLEXO E GRAVE

Leia o texto e observe as palavras destacadas.

As plantas fixam-se no solo por meio das **raízes** e são capazes de produzir o **próprio** alimento. Elas retiram do solo a **água** e os sais minerais de que necessitam, e transportam essa seiva bruta **até** as folhas. Estas, por sua vez, absorvem o **gás carbônico** do ar e, graças à magia verde da clorofila e à energia da luz, a planta fabrica seu alimento. Nesse processo, as plantas verdes liberam no ar um **gás** muito precioso à nossa vida: o **oxigênio**!

A ecologia em pequenos passos, de François Michel. São Paulo: Companhia Editora Nacional, 2006.

Nas palavras **raízes**, **próprio**, **água**, **até** e **gás** há acento agudo ´ . Ele indica que a pronúncia das vogais **a, e, i** e **o** é aberta.

Nas palavras **carbônico** e **oxigênio** há acento circunflexo ^ . Ele indica que a pronúncia das vogais **e** e **o** é fechada.

Agora releia este trecho e observe o destaque na letra **a**:

> graças **à** magia verde da clorofila e **à** energia da luz, a planta fabrica seu alimento.

à magia (palavra feminina) → a + a

à energia (palavra feminina) → a + a

O acento grave sobre a vogal **a** indica que houve a fusão de **a + a**. Essa fusão é chamada de **crase**.

Não se usa crase antes de palavras masculinas.

Atividades

1 Leia o texto. Em algumas palavras destacadas falta o acento agudo e, em outras, o acento circunflexo. Aplique-os corretamente.

Os **gemeos identicos** ou univitelinos são chamados assim porque se desenvolveram a partir de uma **unica celula** ovo ou zigoto, que se dividiu dando origem a dois **bebes** com **caracteristicas fisicas** iguais ao nascer. Tanto **e** assim que **ate** mesmo o DNA deles **e** igual. Mas veja **so** que curioso: apesar de serem **copia** fiel um do outro, os **gemeos identicos tem** impressões digitais diferentes! [...]

Ciência Hoje das Crianças, ano 26, n. 251. Rio de Janeiro: SBPC, nov. 2013.

a) Quais palavras do texto têm acento agudo? A pronúncia é aberta ou fechada?

....

....

b) No texto há palavras com acento circunflexo? Copie-as e indique se a pronúncia é aberta ou fechada.

....

....

2 Converse com os colegas e escreva o significado das palavras desta página e da seguinte.

coco: ....

....

cocô: ....

....

camelo: ....

....

camelô: ....

caqui: ....

....

cáqui: ....

- Agora, complete as frases com as palavras da atividade.

a) É falta de educação dos donos não recolher o .... que seus cachorros fazem na rua.

b) Quando você for comprar um brinquedo no ...., verifique a qualidade do produto.

c) O .... e o .... contêm vitaminas que nos ajudam a ter saúde.

d) O .... retém a água que bebe por vários dias, por isso consegue viver no deserto.

e) Amarelo, azul, verde e .... são algumas das cores que encontramos na natureza.

3 Leia as palavras dos quadros e complete as frases com elas.

| pais   país |

a) O Brasil é o .... onde eu nasci.

Meus .... nasceram em Portugal.

| no   nó |

b) Márcia deu um .... apertado .... cadarço do tênis.

4 Escreva uma frase em que apareça pelo menos uma palavra com acento agudo e outra com acento circunflexo.

....

....

....

5 Troque **à** por **ao**. Veja o exemplo.

a) Fui à escola.

   Fui ......ao...... colégio.

b) Entreguei o livro **à** professora.

   Entreguei o livro .... professor.

c) Dei o recado **à** vizinha.

   Dei o recado .... vizinho.

d) Dirigiu-se **à** secretária.

   Dirigiu-se .... secretário.

6 Use o acento grave indicativo de crase quando necessário.

a) Cláudia foi **a** praia com seus pais.

b) Mônica andou **a** cavalo no sítio de seus tios.

c) Patrícia vai **a** biblioteca buscar um livro.

d) Luís ganhou um quadro pintado **a** óleo.

e) Ângela pediu **a** professora que contasse uma história.

Ortografia — s depois de consoante

1 Leia a frase.

> Durante a **conversa**, seu **pensamento** estava tão longe que Mariana nem viu quando sua **bolsa** caiu no chão.

- Copie nas colunas adequadas as palavras destacadas no texto.

ls	ns	rs

> Quando o **s** aparece depois de consoante, não precisa ser dobrado (**ss**) para representar o som **sê**.

2 Em cada palavra, escreva a sílaba que falta. Depois, copie as palavras formadas.

- con..............guiu

- profis..............

- cur..............

- can..............ço

- diver..............

- sal..............cha

- traves..............ra

3 Complete as palavras com **s** ou **ss**.

- aniver............ário
- sen............ível
- ingre............o
- depre............a
- a............unto
- Cel............o
- so............egado
- can............ado
- per............onagem
- pê............ego
- sen............ação
- pá............aro

> Só se usa **ss** entre vogais.
> Na separação de sílabas, fica um **s** em cada sílaba.

4 Contorne no diagrama onze palavras com **s** ou **ss**. Depois escreva-as no quadro, separando suas sílabas.

R	G	Ã	N	Á	C	C	S	I	N	S	O	S	S	O
J	V	Ã	U	E	S	C	A	S	S	E	Z	R	Í	S
A	Ç	À	M	E	I	E	E	E	V	Â	Q	E	O	U
N	O	Ó	Z	Ç	Ô	Í	J	X	L	V	R	M	N	C
S	Z	Í	C	U	E	Y	Ò	P	B	Í	C	O	J	E
I	A	S	S	U	N	T	O	U	O	R	U	R	N	S
O	Ó	I	A	M	Ó	Q	Â	L	L	J	S	S	Â	S
S	U	Â	Í	Ô	O	S	O	S	S	E	G	O	W	O
O	Q	E	X	C	U	R	S	Ã	O	M	Ú	Ò	I	N
Ò	Ç	H	A	V	A	S	S	O	U	R	A	T	É	Ç

Palavras com ss	Palavras com s depois de consoante

8 ACENTUAÇÃO GRÁFICA: MONOSSÍLABOS E OXÍTONAS

Você sabe o que são raios? Leia o texto.

[...] Você **com** certeza **já viu** raios em dia **de** tempestade, **mas** talvez **não** saiba **que** eles **são** correntes elétricas similares **às** que circulam **nos** fios **dos** aparelhos que temos **em** casa — **só** que **bem mais** intensas. E, em **vez** de passar **por** um fio, **o** raio ocorre **na** atmosfera.

Ciência Hoje das Crianças, ano 21, n. 193, Rio de Janeiro: SBPC, ago. 2008.

Leia em voz alta os monossílabos destacados e verifique quais soam mais forte.

Os monossílabos podem ser tônicos ou átonos. Veja:

- **tônicos**: são pronunciados com forte intensidade.

  Por exemplo: já, viu, não, são, às, só, bem, mais, vez;

- **átonos**: são pronunciados com fraca intensidade.

  Por exemplo: com, de, mas, que, nos, dos, em, por, o, na.

Para acentuar as palavras corretamente, lembre-se destas regras:

- Acentuam-se todas as palavras **monossílabas tônicas** terminadas em **a**, **e**, **o** e seus plurais (terminados em **as**, **es**, **os**).

  Exemplos: lá, pás; fé, pés; dó, sós.

- Acentuam-se todas as palavras **oxítonas** terminadas em **a**, **e**, **o**, **em** e seus plurais (terminados em **as**, **es**, **os**, **ens**).

  Exemplos: cajá, babás; você, bonés; cipó, avós; armazém, parabéns.

Os monossílabos átonos não são acentuados.

Atividades

1 Acentue as palavras a seguir quando necessário.

| frances | anel | parabens | patins |

2 Leia as frases e complete-as com os monossílabos tônicos e átonos do quadro.

Monossílabos tônicos	Monossílabos átonos
dê	de
nós	nos

a) Paula, ... um pedaço .... bolo ao seu irmão, por favor.

b) .... precisamos .... organizar para fazer a pesquisa.

3 Leia as palavras oxítonas e os monossílabos tônicos do quadro.

Oxítonas		Monossílabos tônicos	
café	avó	má	só
refém	sofá	pé	pá

a) Contorne a última sílaba das palavras oxítonas. Com que letras essas palavras terminam?

....

b) Complete as regras de acentuação das oxítonas e dos monossílabos tônicos.

São acentuadas as .... terminadas em **a(s)**, **e(s)**, **o(s)**, **em (ens)** e os .... tônicos terminados em **a(s)**, **e(s)**, **o(s)**.

4 Leia esta tirinha e copie as palavras oxítonas.

ASE – Produzido sob licença do Instituto Ayrton Senna/Criadores: Rogério M. Martins e Ridaut Dias Jr.

....

....

....

- Agora, complete as frases com palavras oxítonas da tirinha.

a) Quem nasce na França fala ....

b) Quem nasce na China fala ....

c) Quem nasce na Inglaterra fala ....

d) Quem nasce na Alemanha fala ....

e) Quem nasce no Japão fala ....

5 Complete as frases com os monossílabos tônicos do quadro.

| lá | pé | Zé | há | já |

a) Na escola de Luana .... uma biblioteca. .... ela .... pesquisou muitos assuntos em livros e revistas.

b) .... tropeçou e machucou o ....

6 Complete a cruzadinha com as palavras oxítonas e monossílabos tônicos do quadro.

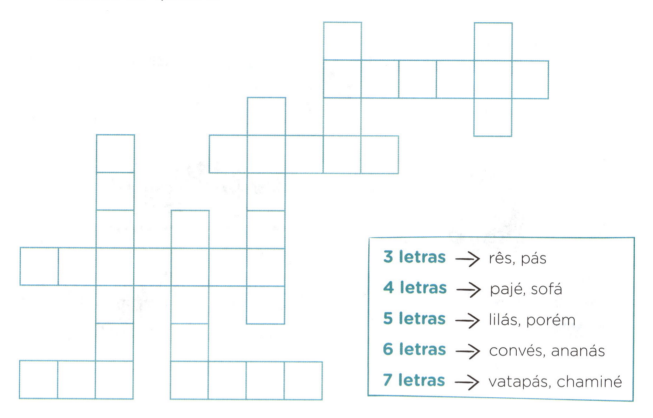

3 letras	→ rês, pás
4 letras	→ pajé, sofá
5 letras	→ lilás, porém
6 letras	→ convés, ananás
7 letras	→ vatapás, chaminé

7 Leia um texto sobre a infância de Alberto Santos Dumont, o inventor do avião.

A paixão pela Mecânica

O menino era muito ligado em máquinas, poucas naquela época. Enquanto o pai e os irmãos cavalgavam pela fazenda, ele passeava pelas instalações de beneficiamento de café. Lá aprendeu a operar e consertar as engenhocas mecânicas. Aos doze anos já dirigia a locomotiva que atravessava a propriedade. Todo esse conhecimento foi essencial para o garoto desenvolver suas "máquinas de voar".

● Santos Dumont e o avião 14-Bis.

Alberto: do sonho ao voo, de José Roberto Luchetti. São Paulo: Scipione, 2005.

- Copie do texto as palavras monossílabas.

....

Ortografia gu, qu

1 Acompanhe a conversa destas crianças.

a) Pronuncie em voz alta as palavras destacadas no texto.

- Nas palavras **caquis** e **queijo**, a letra **u**:

☐ é pronunciada.   ☐ não é pronunciada.

> Nas palavras com **qu**, a letra **u** não é pronunciada quando vem antes de **e** ou **i**. Nesse caso, dizemos que **qu** forma um dígrafo.
> Exemplos: co**qu**eiro, **qu**ero, **qu**ilo, mos**qu**ito.

b) Leia a frase em voz alta e observe.

Todas as **qu**artas-feiras tenho aula de artesanato.

↓

A letra **u** é pronunciada.

> Nas palavras com **qu**, a letra **u** é pronunciada quando vem antes de **a** ou **o**.
> Exemplos: **qu**adro, **qu**arto, **qu**órum, a**qu**oso.

2 Leia as frases em voz alta e complete.

> O za**gue**iro do time alegou estar com pre**gui**ça de treinar hoje.

> Que á**gua** fria!

A letra **u** é pronunciada no grupo **gu** da palavra ....

A letra **u** não é pronunciada no dígrafo **gu** das palavras

.... e ....

> Nas palavras com **gu**, a letra **u** não é pronunciada quando vem antes de **e** ou **i**. Nesse caso, dizemos que **gu** forma um dígrafo.
> Exemplos: á**gu**ia, al**gu**ém.
> Nas palavras com **gu**, a letra **u** é pronunciada quando vem antes de **a** ou **o**.
> Exemplos: á**gu**a, **Gu**arujá, enxa**gu**ou.

3 Complete as palavras com **que**, **qui**, **gue** ou **gui**.

a) Colo.................... o caderno na mesa e pe.................... o seu livro.

b) Meu carro en....................çou e gastei ....nhentos reais com o conserto.

4 Leia as palavras e agrupe-as nos itens correspondentes.

> aluguel   língua   guiar   guaraná
> aquarela   esquecer   pesquisa   quadrúpede

- A letra **u** é pronunciada:

....

- A letra **u** não é pronunciada:

....

5 Complete as frases com as palavras dos quadros.

| cheque | segue | barriguinha |
| chegue | seque | barriquinha |

a) Espero que minha encomenda _____ amanhã pelo correio.

b) A mãe deu um beijo na _____ do bebê.

c) O rapaz pagou as compras com _____.

d) Meu avô armazenou o suco de uva caseiro na _____.

e) Pegue o pano e _____ o chão.

f) O cão _____ seu dono por toda a praça, mesmo sem coleira.

6 Complete a cruzadinha com palavras que têm as sílabas **gua** ou **qua**.

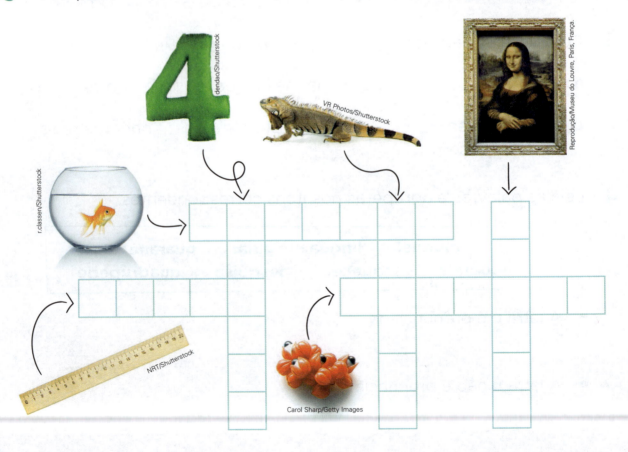

7 Junte-se a um colega e, usando as sílabas do quadro, escrevam palavras com **qu** e **gu**. Vocês poderão repetir sílabas.

gue	fo	a	quo	to	quin	zo	gua	ca
lin	gui	jo	que	ran	re	do	te	qua
		san	tor	la	ta	ze	nho	

....

....

....

8 Escreva os numerais por extenso.

- 4: ....
- 15: ....
- 40: ....
- 50: ....
- 400: ....
- 500: ....

9 Pesquise, em revistas ou jornais, figuras de objetos cujo nome é escrito com **qu** e **gu**. Recorte duas figuras, uma de cada exemplo, cole-as abaixo e escreva o nome delas.

qu	gu

9 ACENTUAÇÃO GRÁFICA: PAROXÍTONAS E PROPAROXÍTONAS

Leia a explicação a seguir e observe as palavras destacadas.

> Um ano tem doze meses. Janeiro é o primeiro mês do ano, e dezembro é o **décimo** segundo e **último** mês do ano.

Observe a divisão silábica destas palavras:

dé-ci-mo   úl-ti-mo

Repare que elas são acentuadas na antepenúltima sílaba. Elas são **proparoxítonas**.

Para acentuar as palavras corretamente, lembre-se destas regras:

- Todas as palavras proparoxítonas são acentuadas.
  Exemplos: lâmpada, farmacêutico, mínimo, cômico, lúdico.

- Acentuam-se as paroxítonas terminadas em **i(is)**, **us**, **um**, **uns**, **l**, **n**, **r**, **x**, **ps**, **ã(s)**, **ão(s)**, ditongos orais, crescentes ou decrescentes, seguidos ou não de **s**.
  Exemplos: júri, lápis; bônus; fórum, álbuns; horrível; pólen; fêmur; tórax; bíceps; ímã, órfãs; órgão, vôlei, água.

Atividades

1 Leia esta curiosidade.

Como funciona a garrafa térmica?

Dentro dela seu chocolate quente não esfria, tampouco seu refresco esquenta, por maior que seja o calor do lado de fora. Você a carrega de um lado para o outro, mas nunca se pergunta: como é que funciona a garrafa térmica? Quanta injustiça...

A ação da garrafa térmica é pura física. Isso mesmo! O princípio básico desse utensílio doméstico é evitar as formas de transmissão de calor, que pode se dar com um objeto mais quente para um mais frio ou vice-versa.

[...]

Ciência Hoje das Crianças, ano 23, n. 210. Rio de Janeiro: SBPC, mar. 2010.

a) Copie do texto três palavras proparoxítonas.

....

b) Em que sílaba recai o acento delas?

....

c) Como se chama esse acento?

....

2 Leia as palavras.

| círculo | esôfago | espaço | pônei |
| relâmpago | fácil | telefone | saúde |

- Agora, copie:

a) três proparoxítonas. ....

b) três paroxítonas acentuadas. ....

c) duas paroxítonas não acentuadas. ....

67

3 Aplique as regras que você aprendeu e acentue as palavras quando necessário.

Proparoxítonas	Paroxítonas
lampada	lapis
onibus	juri
matematica	menina
oculos	hamburguer
romantico	companheiro
quilometro	tenis
pessego	cachorrinha
gramatica	albuns

4 Contorne no diagrama oito palavras acentuadas. Copie-as no caderno, separando-as em proparoxítonas e paroxítonas.

```
Q  N  I  Ç  C  Í  U  K  M  Á  G  I  C  O  Ã  C  P
V  A  Ç  Ú  C  A  R  V  Z  O  I  A  Ò  M  M  W  F
G  R  Á  T  I  S  L  T  Q  M  O  A  I  V  E  V  A
X  X  Ã  Õ  U  Z  A  Ó  F  Á  B  U  L  A  U  I  F
Ô  M  Á  Ç  F  M  Á  H  H  T  H  Q  K  F  Á  S  K
Q  P  R  Í  N  C  I  P  E  Ã  I  Q  A  Í  R  Í  A
B  Õ  V  Ê  É  F  Ó  X  H  Ó  O  F  V  Ó  O  V  A
Z  P  O  V  B  G  Í  H  V  Y  C  R  U  D  L  E  E
Õ  Ê  R  Á  Ó  Ú  U  G  Ó  A  Ã  W  A  U  C  L  Ô
H  Ê  E  I  E  Á  H  Ç  T  Á  X  I  I  Ú  Â  Y  J  S
```

5 Leve as crianças até o reino das palavras encantadas seguindo pelo caminho das paroxítonas.

a) Agora, marque um **X** na opção correta.

No caminho certo, as palavras paroxítonas:

☐ são acentuadas.   ☐ não são acentuadas.

b) Complete.

As palavras paroxítonas acentuadas terminam em

....

Ortografia j, g

1 Leia este trecho de uma notícia.

Inauguração de nova Gibiteca será realizada nesta terça em Guarujá

[...]

De acordo com informações da Prefeitura de Guarujá, os 2 mil gibis foram adquiridos por meio de uma campanha feita por servidores das bibliotecas da cidade. Durante a inauguração, a Gibiteca receberá apresentações de grupos de teatro e dança, além de outras atrações e jogos.

A Biblioteca Inclusiva, que foi reestruturada em 2009, já conta com conteúdo misto, ou seja, obras de literatura clássica, livros de diversas disciplinas, infantis e até material em Braille e em fonte ampliada para pessoas com baixa visão.

João Prudente/Pulsar Imagens

Disponível em: <http://g1.globo.com/sp/santos-regiao/noticia/2015/11/inauguracao-de-nova-gibiteca-sera-realizada-nesta-terca-em-guaruja-sp.html>. Acesso em: 17 mar. 2020. (Texto adaptado).

- Contorne as palavras com **j** e **g** no trecho da notícia.

> Quando seguida de **e** ou **i**, a letra **g** representa o mesmo som de **j**.

2 Forme palavras da mesma família. Veja o exemplo.

- ferro → *ferrugem, enferrujar, enferrujado*

- projeto → ....

- coragem → ....

- viagem → ....

3 Complete as palavras com **g** ou **j**.

- in............eção
- a............ência
- bei............o
- á............il
- su............eira
- gor............eta
- mar............em
- pro............eto
- ....ato
- ....incana
- a............itado
- mensa............em

4 Faça como no exemplo.

- sujar → *sujem*
- arranjar → ....
- gotejar → ....
- bocejar → ....

5 Contorne no diagrama doze palavras com **j** e **g**.

D	F	U	J	Ã	O	N	M	J	E	I	T	O	S	O	E	S
D	E	S	A	J	E	I	T	A	D	O	A	R	R	B	X	R
A	C	G	E	L	E	I	R	A	O	R	T	Á	B	O	P	I
A	W	A	J	E	I	T	A	D	O	R	G	E	L	A	D	O
K	Z	S	E	A	F	G	E	U	F	U	G	I	T	I	V	O
G	E	L	A	D	E	I	R	A	X	A	J	E	I	T	A	R
F	G	D	E	S	C	O	N	G	E	L	A	R	R	S	Ã	F
Q	F	S	I	E	U	T	I	S	A	Z	F	U	G	I	R	S
Z	A	F	U	G	E	N	T	A	R	I	S	W	Q	E	J	A

- Agora, agrupe as palavras da mesma família.

gelo	jeito	fuga

PENSAR, REVISAR, REFORÇAR

Observe esta obra de Tarsila do Amaral.

Operários, de Tarsila do Amaral, 1933.

Quem é?

Tarsila do Amaral nasceu em Capivari, no estado de São Paulo, em 1886. Sua família era rica, o que lhe proporcionou estudar tanto em São Paulo quanto em Barcelona, na Espanha. Foi casada duas vezes, sendo uma delas com o escritor Oswald de Andrade.

Viveu no Brasil e na Europa e dedicou-se à pintura e à escultura.

Pintava temas regionais, paisagens e personagens brasileiros seguindo as tendências modernistas.

Tarsila do Amaral faleceu em São Paulo, em 1973.

1 A obra de Tarsila do Amaral que você viu chama-se **Operários**.

a) Separe as sílabas da palavra **operários** e classifique-a quanto ao número de sílabas.

_____

_____

b) A palavra **operários** tem um encontro vocálico. Classifique-o:

☐ ditongo   ☐ hiato

c) Classifique essa palavra de acordo com a posição da sílaba tônica.

_____

d) Que tipo de acento essa palavra leva?

_____

2 Complete o nome destas outras obras de Tarsila do Amaral com elementos do quadro.

| a | e | ei | o |

O mamo_____ro

Abap_____ru

Morr_____ da f_____vela

Aut_____rretrato

Palm_____ras

Vend_____dor de frut_____s

a) Você conhece alguma dessas obras?

b) Escolha um dos nomes acima e forme uma frase com ele.

_____

_____

UNIDADE 2

ORGANIZANDO A ESCRITA

Entre nesta roda

- A cena mostra um centro urbano ou rural? Como você descobriu?
- Que meios para transmitir informações você identifica nesta cena?
- O que você mais usa para se informar quando está na escola? E em casa?

Nesta Unidade vamos estudar...

- Sinais de pontuação
- Sinais gráficos
- Tipos de frase
- Sinônimo e antônimo
- Artigo definido e artigo indefinido
- Substantivo: comum, próprio, coletivo, primitivo, derivado, simples e composto

10 SINAIS DE PONTUAÇÃO I

Leia o texto, observando os sinais de pontuação.

Você sabia que alguns dinossauros não mastigavam os alimentos?

Mastigue bem! Não faz bem engolir a comida aos pedaços porque atrapalha a digestão. Concorda? Para os humanos, mastigar os alimentos é fundamental. Mas, entre os dinossauros, animais que viveram na Terra há milhões de anos, isso não valia, não. Eles engoliam seus alimentos picotados, amassados ou aos pedaços mesmo, alguns sem mastigar nadica de nada!

Ciência Hoje das Crianças, ano 28, n. 270.
Rio de Janeiro: SBPC, ago. 2015.

Os sinais de pontuação têm a função de organizar a escrita, orientar a leitura e possibilitar a compreensão do texto.

Observe os seguintes sinais de pontuação.

Ponto final .

O ponto final é usado no final de frases declarativas.

Ponto de interrogação ?

O ponto de interrogação é usado no fim de uma pergunta direta.

Ponto de exclamação !

O ponto de exclamação é usado depois de palavras, expressões e frases para indicar espanto, surpresa, admiração, medo e tristeza.

Vírgula ,

A vírgula é usada para separar palavras e frases; é usada em chamamentos; em datas, em endereços e enumerações; é usada para indicar pausa e para introduzir uma explicação.

Atividades

1 Leia o texto silenciosamente e coloque a pontuação correta, segundo o código. Depois, leia o texto em voz alta.

[.] [,] [?] [!]

Espertezas da Dona Onça

Quando a Emília fica irritada, pode virar uma onça ☐ Você já viu alguém virar uma onça ☐ Claro que não ☐ Isso é uma maneira de dizer e significa que a pessoa fica brava como o mais feroz dos mamíferos brasileiros a onça-pintada ☐ também chamada de jaguar ☐

Ela é da família dos felinos e ☐ como o gato-do-mato e a jaguatirica ☐ está ameaçada de extinção ☐ É que existem cada vez menos lugares nos quais ela pode viver ☐

A onça é feroz, sim, mas raramente ataca o homem ☐ Quando tem fome, procura, sempre à noite, animais como capivaras ☐ macacos ☐ pacas e veados ☐ Às vezes, sai do mato e ataca os animais da fazenda ☐

Dona Onça é cheia de truques ☐ Por exemplo, para caçar macacos que, por sinal, não param no lugar ☐ ela fica deitada no chão ☐ bem escondida ☐ sem se mexer ☐ Aí, o macaco chega perto e ela... zás ☐

Bichos brasileiros, de Federico Mengozzi. São Paulo: Globo, 2010.

2 Escreva o que se pede, empregando a vírgula.

a) Cidade onde você mora e a data de hoje.

....

b) O endereço da escola onde você estuda.

....

3 Leia este trecho do livro chamado **O que é um livro?**.

Há muitos tipos de livros. Livros feitos de caixas de fósforo, de lâminas de papel soltas, livros que experimentam materiais e formatos muito curiosos.

Muitas pessoas têm o sonho de escrever e publicar livros.

Se você fosse publicar um livro, como ele seria? Manuscrito, impresso ou digital? Ou de todos os formatos possíveis? Retangular, quadrado, triangular?

Não importa que forma ou que material ele tenha. O livro é uma tecnologia FANTÁSTICA, que armazena nossas ideias, nossas memórias e nossas histórias.

O que é um livro?, de Ana Elisa Ribeiro. Belo Horizonte: Estraladabão, 2018.

a) Contorne, no primeiro parágrafo, os sinais de pontuação usados para separar os itens da enumeração.

b) Na frase "Se você fosse publicar um livro, como ele seria?", o ponto de interrogação foi usado para:

☐ indicar espanto, surpresa.   ☐ indicar pergunta.

4 Leia o poema e insira os sinais de pontuação abaixo.

, **vírgula** para separar os nomes de chamamento

? **ponto de interrogação** para indicar perguntas

Oi

Oi....... Dona Maria.
Como vai sua tia........
Oi....... Dona Salomé.
Como vai seu pé........
Oi....... Dona Leonor.
Acabou aquele horror........
Oi....... Dona Nazaré.
Dá para fazer um café........

Oi........ Dona Severina.
Me dá uma tangerina........
Oi........ Dona Flor.
A senhora é um amor!
Oi........ Seu Eliezer.
Como vai a sua mulher........
Oi........ Seu João.
Melhorou a mão........

Oi........ Seu Manuel.
Cadê o seu chapéu........
Oi........ Seu Amadeu.
Aquele livro é seu ou é meu
....
Oi..... Seu Godoy.
Onde é o dodói........
Oi........ Seu Lima.
Agora acabou a rima.

Poesias, rimas e outras coisas mais..., de James Misse. São Paulo: Pé da Letra, 2007.

Ortografia: ar, er, ir, or, ur

1 Leia este trecho de uma história em quadrinhos.

Turma da Mônica, Barueri: Panini Comics, n. 54, out. 2019.

2 As palavras a seguir fazem parte da HQ que você leu. Todas apresentam a letra **r**.

| câmera | cinegrafista | registrar | repórter |
| descobrir | histórias | aguçar | interessante |

- Contorne somente as palavras que têm **r** no final das sílabas.

3 Converse com os colegas sobre o significado das palavras a seguir, que fazem parte da HQ, e escreva-o.

- Registrar:
  ....
  ....

- Repórter:
  ....
  ....

- Aguçar:
  ....
  ....

- Descobrir:
  ....
  ....

4 Junte-se a um colega, mudem a posição das letras e descubram, pelo menos, outras duas palavras.

- porta → ....

- metro → ....

5 Contorne as sílabas que formam o nome de cada figura. Depois escreva o nome formado.

| por | gar | ti | la | lar | da | xa |

....

| for | vor | so | nir | ur | ga | sa |

....

| do | par | mar | le | dar | rur | o |

....

6 Contorne no diagrama dez nomes de pessoas com **ar**, **er**, **ir**, **or** ou **ur**.

A	Z	A	M	P	I	C	D	K	C	B	S	F	L
R	R	M	I	H	U	M	B	E	R	T	O	E	E
T	R	A	G	P	E	T	S	I	Z	Y	W	R	O
U	E	G	O	T	A	A	J	O	R	G	E	N	N
R	D	A	R	L	E	N	E	N	L	B	I	A	A
O	O	F	O	A	A	C	A	O	I	O	Z	N	R
N	A	Z	U	M	A	R	T	A	M	A	A	D	D
C	L	É	B	E	R	E	Ú	R	S	U	L	A	O

• Agora escreva, em ordem alfabética, os nomes que você encontrou.

1. .... 6. ....

2. .... 7. ....

3. .... 8. ....

4. .... 9. ....

5. .... 10. ....

7 Escreva as palavras que o professor vai ditar. Se você souber a grafia correta, escreva-a na ficha "Tenho certeza"; se não tiver certeza, escreva-a na ficha "Tenho dúvida".

Tenho certeza

Tenho dúvida

- Agora, faça a correção do ditado. Confira no dicionário se as palavras que você escreveu estão corretas. Se você errou alguma, reescreva-a abaixo.

11 SINAIS DE PONTUAÇÃO II

Leia esta fábula prestando atenção em todos os sinais de pontuação.

O leão e o javali

Num dia quente de derreter, no alto verão, o leão e o javali tiveram a mesma ideia: beber água no lago! Eles chegaram ao mesmo tempo ao mesmo lugar.

— Eu vou primeiro — urrou o leão.

— *Hayi khona*! Não, você não vai! — retorquiu o javali.

> **Hayi khona** (em zulu): de modo algum.
> **Yebo** (em zulu): sim.

O leão rugiu, ameaçando o javali com suas garras. Mas o pequeno camarada recuou e atacou com suas presas. Eles se engalfinharam, assim e assado. Parecia que iam destroçar um ao outro até a morte quando, arquejando, pararam para respirar.

O ar estava pesado. Acima da copa das árvores ao redor do lago, cada qual viu um círculo de urubus aguardando em silêncio. A cena paralisou os dois. Eh!

— É melhor sermos amigos — resmungou o leão.

— *Yebo*, meu velho — concordou o javali. — Quem quer brigar e virar comida de urubu?

É mais garantido ser amigo do que inimigo.

Fábulas de Esopo, de Beverley Naidoo. Tradução de Isa Mesquita. São Paulo: Edições SM, 2011

Você já estudou alguns sinais de pontuação. Veja na página seguinte outros sinais de pontuação que costumam aparecer nos textos.

Dois-pontos :

Os dois-pontos são usados antes de uma enumeração de elementos, para indicar uma fala ou citação e para indicar uma explicação que será apresentada.

Travessão —

O travessão é usado no início da fala de personagens em um diálogo e para dar a explicação de determinada palavra, expressão ou trecho do texto.

> — Eu vou primeiro — urrou o leão.

Reticências ...

As reticências são usadas para indicar a interrupção da frase, para indicar que ela não foi concluída, que mais coisas poderiam ser escritas.

> O leão e o javali olharam para o céu...

Ponto e vírgula ;

O ponto e vírgula é usado para indicar uma pausa maior do que a da vírgula.

> O leão e o javali chegaram juntos ao lago; eles queriam beber água fresca.

Parênteses ( )

Os parênteses são usados para separar palavras e expressões, para dar uma explicação ou para chamar a atenção.

> *Yebo* (em zulu): sim.

Aspas " "

As aspas são usadas antes e depois de uma palavra, de um trecho ou de um texto inteiro, indicando ser uma citação, e para marcar a fala de um personagem.

> O javali disse ao leão: "*Yebo*".

Atividades

1 Releia a fábula **O leão e o javali** e contorne o sinal que é usado no início da fala de cada personagem.

- Qual é o nome desse sinal?

....

2 Releia o primeiro parágrafo da fábula.

> Num dia quente de derreter, no alto verão, o leão e o javali tiveram a mesma ideia: beber água no lago! Eles chegaram ao mesmo tempo ao mesmo lugar.

- Nesse trecho, o sinal dois-pontos foi usado:

☐ para dar início a uma enumeração.

☐ para indicar uma explicação do narrador.

3 Copie uma frase da fábula em que apareça o ponto de interrogação. Depois, escreva o que ele indica.

....

....

4 Converse com os colegas sobre o que acharam da moral da fábula. Depois, escreva um breve comentário sobre a sua opinião, usando parênteses e dois-pontos.

....

....

....

....

5 Leia o texto e observe os sinais de pontuação destacados.

Cheguei em casa aborrecido (tinha de encontrar os ingressos do jogo que o Zeca havia deixado comigo) e fui correndo para o meu quarto. Enquanto procurava no meio da bagunça, pensava: "Como vou explicar ao Zeca que perdi os ingressos?".

- Complete as explicações conforme o texto que você leu.

( ) Estes são os .... Eles indicam:

☐ uma explicação.   ☐ surpresa, alegria.

" " Estas são as .... Elas indicam:

☐ uma afirmação.   ☐ o pensamento de alguém.

6 Leia estes dois textos.

> Hoje (7 de setembro), comemoramos o Dia da Independência. O dia começou ensolarado (nem lembra o tempo chuvoso de ontem), e eu pensei: "O tempo está colaborando para o sucesso do desfile da escola".

> Carlos gosta muito de provérbios. Entre tantos outros, copiou este em seu caderno: "Amor com amor se paga".

- Agora, copie dos textos:

a) uma data entre parênteses. ....

b) uma frase explicativa entre parênteses.

....

c) uma frase entre aspas com o pensamento do personagem.

....

d) uma frase entre aspas, indicando citação de texto.

....

7 Leia as frases e insira parênteses ou aspas nas situações pedidas.

a) Para destacar ou isolar uma explicação.

A palavra **deletar** do inglês quer dizer apagar.

b) Para destacar datas.

Monteiro Lobato 1882-1948 foi o criador do Sítio do Picapau Amarelo.

c) Para marcar a citação de um texto ou uma fala.

Ao se despedir, o professor abraçou a todos e disse: Boas férias! .

8 O texto abaixo está sem pontuação. Para pontuá-lo, empregue corretamente os sinais relacionados a seguir.

!	ponto de exclamação	.	ponto final
:	dois-pontos	,	vírgula
" "	aspas	...	reticências

Dona galinha e o ovo de Páscoa

Que dia gostoso......... De sol......... Quentinho......... Dona Galinha até pensou......... ....Hoje está bom para um passeio.......... Então, empurrou o portão do galinheiro com o bico e saiu para dar uma voltinha..........

Cisca daqui......... cisca dali......... dona Galinha deu de cara com uma coisa brilhante......... muito estranha......... Parecia um ovo.......... O ovo mais bonito que ela já vira em sua vida..........

Dona galinha e o ovo de Páscoa, de Eliana Sá.
São Paulo: Scipione, 2010. (Texto adaptado).

NO DIA A DIA

Leia os quadrinhos.

Zé Carioca. São Paulo: Abril, n. 2333, 2009.

- Reescreva a história em quadrinhos em prosa. Escreva as falas do narrador e o diálogo dos personagens usando o travessão no início das falas.

Ortografia — ai, ei, ou

1 Leia estas palavras, pronunciando bem os encontros vocálicos destacados.

peixe	dinheiro	besouro	baixo
caixa	passeio	vassoura	tesoura
queijo	loiro	pouco	ouro

Na fala, muitas vezes é comum não pronunciarmos algumas letras. Mas, na hora de escrever, todas as letras devem ser escritas.

2 Complete as frases a seguir com as palavras que você leu na atividade 1.

a) O .... tem escamas.

b) Cortei o tecido com a ....

c) Fizemos um maravilhoso .... pelo parque.

d) Peguei o .... no .... eletrônico do banco.

e) Ouvi o forte zumbido do ....

f) Ele era o aluno mais .... da turma.

g) Varri a casa com a nova ....

h) O cabelo do meu irmão era .... como ....

i) Gosto de comer .... com goiabada.

j) Nossa rua tem .... movimento.

3 Contorne no diagrama palavras com os encontros vocálicos **ou**, **ei**, **ai**.

M	A	M	A	D	E	I	R	A	K	P	R	A	X
Z	O	H	T	A	C	D	G	N	I	M	A	W	Z
U	J	K	C	B	E	B	E	D	O	U	R	O	P
E	D	Q	O	G	O	R	L	A	S	T	O	L	U
T	F	E	G	F	Q	X	A	H	G	Y	U	Ç	V
I	A	P	H	I	Z	F	D	F	V	O	P	A	S
L	I	B	F	E	K	V	E	C	S	B	A	X	L
R	X	I	J	A	R	D	I	N	E	I	R	O	A
S	A	V	P	C	D	Q	R	T	L	H	R	T	L
X	J	Z	A	D	R	S	A	K	U	A	B	Ç	S

- Agora, escreva cada palavra que você encontrou abaixo da respectiva figura.

....

....

12 SINAIS GRÁFICOS: ACENTUAÇÃO DE PALAVRAS PAROXÍTONAS

Leia esta fábula. Observe as palavras destacadas.

A coruja e a águia

Coruja e águia, depois de muita briga, resolveram fazer as pazes.

— Basta de guerra — disse a coruja. — O mundo é grande, e tolice maior que o mundo é andarmos a comer os filhotes uma da outra.

— Perfeitamente — respondeu a águia. — Também eu não quero outra coisa.

— Nesse caso combinemos isto: de ora em diante não comerás nunca os meus filhotes.

— Muito bem. Mas como posso distinguir os teus filhotes?

— Coisa **fácil**. Sempre que encontrares uns borrachos lindos, bem-feitinhos de corpo, alegres, cheios de uma graça especial que não existe em filhote de nenhuma outra ave, já sabes, são os meus.

— Está feito! — concluiu a águia.

Dias depois, andando à caça, a águia encontrou um ninho com três mostrengos dentro, que piavam de bico muito aberto.

— **Horríveis** bichos! — disse ela. — Vê-se logo que não são os filhos da coruja.

E comeu-os.

Mas eram os filhos da coruja. Ao regressar à toca, a triste mãe chorou amargamente o desastre e foi justar contas com a rainha das aves.

— Quê? — disse esta, admirada. — Eram teus filhos aqueles mostrenguinhos? Pois, olha, não se pareciam nada com o retrato que deles me fizeste...

Para retrato de filho ninguém acredite em pintor pai. Lá diz o ditado: quem o feio ama, bonito lhe parece.

Fábulas, de Monteiro Lobato. São Paulo: Universo dos Livros, 2019.

- Separe as sílabas das palavras destacadas.

- Repare que essas palavras são acentuadas na penúltima sílaba. Elas são:

    ☐ oxítonas.   ☐ paroxítonas.   ☐ proparoxítonas.

Para acentuar as palavras corretamente, lembre-se desta regra:

São acentuadas as palavras paroxítonas terminadas em: **l** – túnel; **r** – açúcar; **n** – hífen; **x** – tórax; **i/is** – júri, lápis; **ã/ão** – sótão, órfã/órfão.

Atividades

1 Você já estudou que uma palavra é paroxítona quando a sílaba tônica é a:

☐ última.   ☐ penúltima.   ☐ antepenúltima.

2 Leia as palavras e acentue-as conforme a regra.

| polen | → paroxítona terminada em **n**.

| visivel | → paroxítona terminada em **l**.

| benção | → paroxítona terminada em **ão**.

3 Justifique a acentuação destas palavras.

- útil → ....
- táxi → ....
- órgão → ....

4 Agora, escolha palavras paroxítonas das atividades anteriores para escrever três frases diferentes.

....
....
....
....
....

5 Acentue corretamente as palavras destacadas nas frases abaixo.

a) Comi um delicioso **hambúrguer**.

b) O dia estava muito **agradável** para um passeio.

c) Este livro é muito **útil** para a pesquisa.

d) Desde cedo a criança forma o seu **caráter**.

e) **Vitória** comprou um novo **biquíni** para ir à praia.

- Que tipo de palavras você acentuou?

☐ Oxítonas.   ☐ Paroxítonas.   ☐ Proparoxítonas.

6 Escreva o antônimo das palavras a seguir. Depois, escreva duas frases usando esses antônimos.

- inútil → ....
- fácil → ....

....

....

....

....

7 Contorne as palavras paroxítonas e acentue-as quando for necessário.

fossil	cenario	gemeo	orgão
tenis	ziper	coração	estante
bolsa	imã	exposição	reptil

8 Acentue as palavras a seguir e justifique seu acento gráfico. Depois, complete as frases abaixo com essas palavras.

- reptil → ....
- reporter → ....
- orgão → ....

O .... recolhe informações sobre determinado tema.

O nariz é o .... do olfato.

O jacaré é um ....

9 O que é, o que é? Descubra e responda.

Dica: as palavras são paroxítonas acentuadas.

a) Calçado usado para praticar esporte. ....

b) Parte de uma casa que fica entre o teto e o telhado. ....

c) Faz parte do material escolar. ....

d) Instrumento musical parecido com piano. ....

e) Traje de banho com duas peças. ....

Ortografia: til e cedilha

1 Leia este poema silenciosamente e depois em voz alta.

Meu mundo em rimas

Eu lhe explico, meu amigo,
eu lhe explico, meu **irmão**.
Tudo o que eu lhe falar
terá uma **combinação**.

Minha irmãzinha se alegra
quando falo do meu jeito.

O meu pai já comentou
que isso é coisa de respeito.

E mamãe só dá sorrisos,
Chega até a cair o queixo.

Caderno de rimas do João, de Lázaro Ramos. Rio de Janeiro: Pallas, 2016.

a) Copie do poema as palavras que rimam que têm o ditongo **ão**.

....

b) Copie do poema outras palavras com til.

....

- Repare que nas palavras **irmão** e **combinação** há um sinal chamado til (~) sobre a vogal **a**.

Usa-se o **til** sobre as vogais **a** e **o** para indicar o som nasal dessas vogais.

- Observe também o sinal gráfico colocado sob a letra **c** na palavra **combinação**.

Chama-se **cedilha**  o sinal gráfico colocado sob a letra **c** para indicar o som **sê** antes de **a**, **o** e **u**.

2 Vamos rimar? Escreva no caderno palavras com **til** e **ç** que rimem com **arrumação** e **canções**.

97

13 TIPOS DE FRASE

Leia o trecho do diário de um menino que tinha a sensação de ser tratado como alguém invisível.

1º dia

Não sei por que, mas sempre tive a sensação de ser tratado como um menino invisível, por isso resolvi escrever este diário.

Você já leu algum diário escrito com uma mão e duas cabeças?

Acredito que não, mas depois que você ler, vai entender o que estou dizendo.

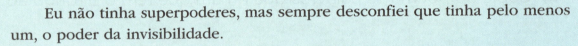

Meu nome é Bernardo, mas sou mais conhecido como "Fantasminha".

Eu não tinha superpoderes, mas sempre desconfiei que tinha pelo menos um, o poder da invisibilidade.

Na minha casa era assim, eu passava o dia inteiro na escola e quando voltava pra casa, meus pais, quando eles estavam em casa, não me enxergavam.

Meu pai ficava no computador e minha mãe no celular.

Às vezes eu tentava falar. Dava um aceninho com a mão, mas ninguém me via.

Quando insistia dizendo, manhê...

— Pega no armário! — ela apontava sem olhar pra mim.

E só para provar minha invisibilidade, eu abria a porta da geladeira e ninguém notava a diferença entre armário e geladeira.

Meu poder de invisibilidade só não funcionava com o meu avô Zeca, pois ele só tinha olhos pra mim.

Quando ele chegava em casa, era uma festa, sempre me trazia livros e doces.

Mas depois de um tempo, meu avô Zeca foi quem se tornou invisível, ele morreu e eu não pude mais vê-lo. [...]

Diário de um fantasminha, de Adeilson Salles. São Paulo: Intelítera, 2015.

Leia em voz alta estas frases retiradas do texto.

"Meu nome é Bernardo" → É uma afirmação.

"Eu não tinha superpoderes" → É uma negação.

"Você já leu algum diário escrito com uma mão e duas cabeças?" → É uma pergunta.

"— Pega no armário!" → É uma ordem.

As frases interrogativas, exclamativas e imperativas também podem ser afirmativas ou negativas. Veja:

Será que Bernardo é invisível? → interrogativa afirmativa
Bernardo não é invisível? → interrogativa negativa

Que bom que sou invisível! → exclamativa afirmativa
Nossa, Bernardo não pode ser invisível! → exclamativa negativa

Abra a porta da geladeira! → imperativa afirmativa
Não abra a porta da geladeira! → imperativa negativa

As frases imperativas afirmativas, geralmente, começam com **verbo**.
As frases imperativas negativas apresentam a palavra **não** antes do verbo.

Atividades

1 Faça a correspondência relacionando as frases.

1	afirmativa		Então essa palavra é mágica?
2	negativa		Use este truque sempre!
3	exclamativa		Agora estou muito feliz!
4	interrogativa		Vou lhe ensinar um truque.
5	imperativa		Paulinho não queria sorrir.

2 Observe a imagem e, com base nela, crie frases conforme as indicações abaixo.

a) afirmativa: ....

b) negativa: ....

c) interrogativa: ....

d) exclamativa: ....

e) imperativa: ....

3 Leia esta tirinha e copie a frase imperativa.

Garfield: um gato de peso, de Jim Davis. Porto Alegre: L&PM, 2006.

....

4 Escreva algumas frases sobre a ilustração abaixo. Utilize os tipos de frase que você aprendeu.

....

....

....

....

....

Ortografia — r, rr

1 Releia estas frases do livro **Diário de um fantasminha**. Observe nas palavras destacadas como a letra **r** é pronunciada.

> "[...] **por** isso **resolvi escrever** este **diário**."
>
> "meu avô Zeca foi quem se **tornou** invisível, ele **morreu** [...]"

- Complete a informação com as palavras do quadro.

| fraco | r | forte |

A letra .... aparece em diferentes posições nas palavras acima.

Dependendo da sua posição, ela tem som ....

ou ....

2 Distribua no quadro a seguir, de acordo com a posição do **r**, as palavras que estão destacadas na atividade 1.

r em início de palavra	rr	r entre vogais	r depois de consoante	r em final de sílaba

3 Separe as sílabas das palavras. Depois contorne a letra **r**.

- natureza → ....
- processo → ....
- carreta → ....
- socorro → ....
- pedras → ....
- prato → ....

4 Leia a fábula e faça o que se pede.

A gansa dos ovos de ouro

Um homem e sua mulher tinham a sorte de possuir uma gansa que todo dia punha um ovo de ouro. Mesmo com toda essa sorte, eles acharam que estavam enriquecendo muito devagar, que assim não dava. Imaginando que a gansa devia ser de ouro por dentro, resolveram matá-la e pegar aquela fortuna toda de uma vez. Só que, quando abriram a barriga da gansa, viram que por dentro ela era igualzinha a todas as outras. Foi assim que os dois não ficaram ricos de uma vez só, como tinham imaginado, nem puderam continuar recebendo ovo de ouro que todos os dias aumentava um pouquinho sua fortuna.

Moral: não tente forçar demais a sorte.

Fábulas de Esopo. Compilação de Russell Ash e Bernard Higton. Tradução de Heloisa Jahn. São Paulo: Companhia das Letrinhas, 2015.

- Copie da fábula as palavras que apresentam:

a) letra **r** no início da palavra (como em **r**ua).

b) letra **r** entre vogais (como em ca**r**eta).

c) letras **rr** (como em ca**rr**o).

d) **r** depois de consoante (como em g**r**ito).

e) letra **r** em final de sílaba.

14 SINÔNIMO E ANTÔNIMO

Leia.

Joana explicou aos colegas de classe que, antes, ela morava em um bairro muito **distante** do centro da cidade. Então mudou-se para um lugar mais central, só que **afastado** da escola.

Agora ela mora **perto** do centro da cidade, mas **longe** da escola em que estuda.

Observe.

distante e **afastado** têm sentido semelhante ⟶ são **sinônimos**

perto e **longe** têm sentido oposto ⟶ são **antônimos**

Palavras com significado semelhante são chamadas de **sinônimos**.
Palavras com significado oposto são chamadas de **antônimos**.

Observe algumas palavras e seus sinônimos.

residência ⟶ casa
percurso ⟶ trajeto
tranquilo ⟶ calmo

Observe agora outras palavras e seus antônimos.

maldade ⟶ bondade
sujo ⟶ limpo
certo ⟶ errado

Atividades

1 Leia esta curiosidade.

Qual é a cor do Sol?

Cecília Ramos Nogueira
Goiânia – GO

O Sol é uma estrela amarela. A cor das **estrelas varia** dependendo da temperatura em sua superfície. As mais quentes são azuladas e as mais frias, avermelhadas. A temperatura na superfície do Sol é de até 6 mil graus Celsius e, em seu interior, de até 15 milhões de graus. Não se deve **olhar** para o Sol sem proteção porque os raios solares podem **prejudicar** os olhos.

Recreio, São Paulo, Abril, ano 10, n. 513, 30 dez. 2009.

a) Reescreva os trechos abaixo, substituindo as palavras destacadas pelos sinônimos do quadro. Faça as adaptações necessárias.

| ferir | observar | astros luminosos | muda |

"A cor das **estrelas varia** dependendo da temperatura em sua superfície."

....

....

"Não se deve **olhar para** o Sol sem proteção porque os raios solares podem **prejudicar** os olhos."

....

....

b) Reescreva a frase do texto em que há palavras antônimas e contorne-as.

....

....

2 Complete os ditados populares com o antônimo das palavras destacadas.

a) Quem ama o **feio** .... lhe parece.

b) Antes **só** que mal ....

c) Os **últimos** serão os ....

d) Água **mole** em pedra .... tanto bate até que fura.

e) Quem **tudo** quer .... tem.

3 Complete a frase com o antônimo da palavra destacada.

> Na sua opinião, as novas tecnologias **aproximam** ou .... as pessoas?

4 Escreva uma frase com as palavras antônimas a seguir.

a) **doce** e **salgado**.

....

....

b) **rápido** e **lento**.

....

....

5 Reescreva as frases, substituindo o termo destacado por um sinônimo.

a) As novas tecnologias trouxeram mais **agilidade** e **grande** quantidade de informação!

_____

_____

b) Os jovens têm **bastante** interesse em vídeos e desenhos animados.

_____

_____

c) A internet não deve ser **substituída** pelos livros.

_____

6 Leia o texto a seguir e assinale o item que contém o significado da expressão destacada.

> As pessoas também usam a internet para conversar com amigos e familiares que não veem sempre, podendo assim **estreitar laços** com essas pessoas.

☐ Fazer o sentimento ficar mais afastado.

☐ Fazer o sentimento ficar mais íntimo, mais forte.

☐ Fazer o sentimento ficar mais limitado.

DE OLHO NO DICIONÁRIO

1 No dicionário, é possível encontrar um ou mais sinônimos e antônimos das palavras. Observe o verbete.

> **natural** adj. na-tu-ral. **1** Que faz parte da natureza de uma pessoa, animal ou coisa. *A alegria é um traço natural da personalidade deste menino.* ♦ sinônimo: próprio, característico. ♦ antônimo: artificial. **2** Que está presente na natureza ou que é produzido por ela. *O Rio de Janeiro tem grande beleza natural.* ♦ antônimo: artificial. **3** Que se espera que ocorra no curso normal dos acontecimentos. *A chuva, o vento o trovão e o raio são fenômenos naturais.* ♦ antônimo: artificial. **4** Que é conforme a ordem como as coisas ocorrem. *É natural que você esteja cansado depois de correr tanto.* ♦ sinônimo: normal. **5** Que nasceu em uma cidade, um estado. *Júlio é natural do Espírito Santo.* ♦ sinônimo: nativo ♦ pl.: naturais ♦ masc. e fem.: natural.
>
> **Dicionário ilustrado de português**, de Maria Teresa Camargo Biderman. São Paulo: Ática, 2004.

- Agora, faça o que se pede.

a) Qual é o número de significados da palavra natural? ....

b) Na frase "Renata é natural da Bahia, mas mora na Paraíba", a palavra **natural** indica que ela nasceu na ....

c) Escreva o antônimo da palavra destacada a seguir.

satélite **natural** → ....

d) Qual é o significado da palavra **natural** na frase abaixo?

> A paisagem natural do lugar onde moro é linda.

2 Agora que já vimos que **artificial** é o antônimo de **natural**, faça o que se pede.

a) Complete a frase.

Artificial: aquilo que .... produzido pelo ser humano e .... pela natureza.

b) Na frase "Aquele vaso contém plantas artificiais", a palavra **artificial** indica que as plantas não são ....

c) Complete a frase: "A Lua é um satélite natural, diferente daqueles que são produzidos pelo ser humano, considerados satélites ....

d) Crie uma frase que contenha a palavra **artificial** e seu antônimo.

....

3 Leia as dicas abaixo e descubra as palavras.

a) Antônimo de d**evagar**. Tem o dígrafo **ss**.

A palavra é: ....

b) Sinônimo de **solo**. É monossílaba e começa com o dígrafo **ch**.

A palavra é: ....

c) Antônimo de **desmatar**. A antepenúltima sílaba tem **fl**.

A palavra é: ....

d) Antônimo de **acima**. Tem **x** na última sílaba.

A palavra é: ....

e) Sinônimo de **silencioso**. Começa com o dígrafo **qu**.

A palavra é: ....

Ortografia — s, z entre vogais

1 Leia estas tirinhas.

Armandinho quatro, de Alexandre Beck. Florianópolis: A. C. Beck, 2015.

- Releia essas palavras que aparecem nas tirinhas. Observe o som que as letras **s** e **z** representam quando estão entre vogais.

> novelizado   futebolizado   casa

- Agora, complete a informação e dê exemplos.

Quando está entre vogais, a letra **s** representa o mesmo som de .... Exemplos:

....

....

....

2 É com **s** ou com **z**? Complete as lacunas.

ca..........amento	nature..........a	pão..........inho	prince..........a
cafe..........inho	a..........a	blu..........ão	bele..........a
cami..........eta	a..........arado	me..........ada	on..........e

- Consulte o dicionário e confira suas respostas.

3 Escreva as frases ao lado da figura correspondente.

- O vaso está sobre a mesa.
- Zélia verifica seu peso na balança.
- O menino colocou uma dúzia de bananas na sacola.
- Zizi plantou rosas e azaleias em seu jardim.

15 ARTIGO DEFINIDO E ARTIGO INDEFINIDO

Leia os quadrinhos e pense sobre o sentido das palavras destacadas.

Observe a diferença.

Um cachorro vagando pela rua.

artigo — substantivo

O artigo **um** indica um cachorro qualquer, não determinado; o menino não o conhecia.

O cachorro mais fujão.

artigo — substantivo

O artigo **o** indica um cachorro determinado, específico; é o cachorro da menina.

As palavras **um** e **o** acompanham o substantivo **cachorro**. Elas são **artigos**.

O **artigo definido** (**o, a, os, as**) indica um determinado substantivo.

O **artigo indefinido** (**um, uma, uns, umas**) indica um substantivo de modo geral.

Veja o que acontece quando mudamos o substantivo.

O cachorro brincalhão fugiu. → Os cachorros brincalhões fugiram.

artigo | substantivo | adjetivo | verbo   artigo | substantivo | adjetivo | verbo

O artigo, o substantivo, o adjetivo e o verbo devem concordar entre si.

Atividades

1 Reescreva as frases, substituindo os códigos por artigos.

> ⭐ artigo definido   ⭐ artigo indefinido

a) ⭐ aranhas passam ⭐ tempo tecendo teias.

....

b) Ganhei ⭐ gatinho lindo; preciso escolher ⭐ nome para ele.

....

c) Gilberto comprou ⭐ computador e ⭐ impressora.

....

d) Contei ⭐ piadas bem engraçadas! ⭐ turma toda riu.

....

2 Procure no dicionário e escreva o sentido da palavra destacada.

a) Paguei oito centavos o **grama** do bolo.

....

b) Aparei a **grama** do jardim.

....

c) O **caixa** já estava fechado.

....

d) A **caixa** é de papelão.

....

3 Complete as frases com os artigos, verbos e adjetivos correspondentes.

a) .... cérebro é um dos mais .... órgãos
   O/Os   fantástico/fantásticos
   do corpo ....
            humano/humanos

b) .... crianças .... a .... festa ....
   A/As   foi/foram   um/uma   infantis/infantil

4 Complete o trava-língua com artigos definidos e depois leia-o bem depressa.

O pinto pia

.... pinto pia,

.... pia pinga.

Pinga .... pia,

pia .... pinto.

Pinto pia,

pia pinga.

Quanto mais .... pinto pia,

mais .... pia pinga.

Trava-língua popular.

5 Complete os balões de fala com os artigos a seguir.

| uma   os   a |

Lúcio e os livros, de Ziraldo. São Paulo: Globo, 2009 (Almanaque Maluquinho).

Ortografia → x, ch

1 Leia a parlenda em voz alta e observe as letras destacadas.

> Quem cochicha o rabo espicha,
> come pão com lagartixa.
>
> Parlenda popular.

- Complete.

  Nas palavras acima, ... e .... representam o mesmo som.

2 Complete as palavras com **x** ou **ch**. Depois, consulte o dicionário e veja se suas respostas estão certas.

- bai..........inho
- man..........a
- en..........oval
- en..........urrada
- en..........ugar
- pei..........aria
- mo..........ila
- co..........i..........o

- ....uva
- ....urrasco
- fi..........ário
- ....uteira
- capri..........o
- ....ale
- con..........a
- cai..........ote

- pai..........ão
- lan..........onete
- me..........er
- fai..........a
- cartu..........o
- amei..........a
- ....alé
- capri..........o

3 Escolha três palavras da atividade anterior e faça frases com elas.

....

....

....

....

4 Leia o significado das palavras abaixo e complete as frases com elas.

> cheque → documento bancário
> xeque → soberano árabe
> tacha → prego pequeno de cabeça chata
> taxa → imposto, tarifa

a) O .... é o soberano do povo árabe.

b) Fui ao banco pegar uma folha de ....

c) Hoje é o último dia para pagar a .... da limpeza.

d) Usei uma .... para fixar o desenho na parede.

5 Leia a frase e responda às questões a seguir.

> Os cacos de vidro caíram bem em cima dos cachos de uva.

a) Quantas letras tem a palavra **cacos**?

....

b) Quantas letras tem a palavra **cachos**?

....

c) Quando adicionamos **h** depois do segundo **c** em **cacos**, criamos a palavra **cachos**. Em **cachos**, há um dígrafo. Qual é ele? ....

- Esse dígrafo representa o som de:

  ☐ s   ☐ x   ☐ z

- O que acontece com o som da palavra **cacos** com a adição do **ch**?

....

....

6 Faça as combinações indicadas e descubra palavras com **x**. Escreva-as abaixo.

	1	2	3	4
A	LI	BA	QUEI	XA
B	EN	A	RI	CA
C	XI	XEI	PAI	NA
D	NHA	DA	XO	A

- D4, A2, B4, C1 → ....
- A1, C2, B3, D1 → ....
- B1, A4, D2 → ....
- B2, C3, D3, C4, D2 → ....
- A3, D3 → ....

7 Acrescente a letra **h** e forme novas palavras. Depois escreva o significado delas. Veja o exemplo.

a) | lance | → *jogada*

| lanche | → *merenda*

b) | receio | → ....

| .... | → ....

c) | bola | → ....

| .... | → ....

8 Agora, você vai jogar com os colegas um dominó diferente e vai aprender mais sobre palavras escritas com **x** e **ch**. Destaque as peças do **Dominó** do **Caderno de jogos**, siga as orientações e divirta-se!

117

16 SUBSTANTIVO COMUM, PRÓPRIO E COLETIVO

Leia esta tirinha.

Armandinho, de Alexandre Beck. Florianópolis: A. C. Becker, 2015.

- Qual é o nome do personagem dessa tirinha?
  ....

- Que troca o pai sugeriu ao menino?
  ....

- O que gerou humor nessa tirinha?
  ....
  ....
  ....
  ....

Substantivo próprio é aquele que nomeia um determinado elemento individualmente.

Na tirinha, é citado o nome do menino, Dinho.

Dinho é um **substantivo** próprio.

Os substantivos próprios iniciam com letra maiúscula.

Carro e **ônibus** são nomes de meios de transporte. Essas palavras são **substantivos comuns**.

> **Substantivo comum** é aquele que nomeia qualquer elemento da espécie. Os substantivos comuns iniciam com letra minúscula.

Há um tipo de substantivo comum que indica um conjunto de seres, uma coleção. Ele é chamado de **coletivo**. Veja:

> A **biblioteca** do meu bairro tem mais de 500 livros. É o meu lugar favorito!

O substantivo **biblioteca** indica um conjunto de livros.

> **Substantivo coletivo** é aquele que está no singular e indica uma coleção ou um conjunto de elementos da mesma espécie.

Conheça alguns substantivos coletivos.

Substantivo coletivo	Conjunto de	Substantivo coletivo	Conjunto de
álbum	fotos, selos	constelação	estrelas
alfabeto	letras	elenco	artistas
arquipélago	ilhas	enxame	abelhas
banda	músicos	esquadra	navios
bando	aves	esquadrilha	aviões
boiada	bois	fauna	animais
bosque	árvores	flora	plantas
buquê	flores	frota	ônibus, caminhões
cacho	bananas, uvas	galeria	quadros
cardume	peixes	pomar	árvores frutíferas
classe	alunos	rebanho	ovelhas

Atividades

1 Você já ouviu falar da Amazônia? Leia esta notícia.

https://educacao.estadao.com.br/blogs/estadao-na-escola/2019/10/15/crise-das-queimadas-na-amazonia-e-assunto-para-ciencias-da-natureza-e-humanas/

Crise das queimadas na Amazônia é assunto para Ciências da Natureza e Humanas

👍 0   👎 0   💬 COMENTAR | 0   🔖 SALVAR

Marina Aragão e Milena Teixeira, especiais para o Estadão
15 de outubro de 2019 | 14h35

O aumento do número de queimadas e a destruição da **Amazônia** levaram a dirvesas discussões nacionais e internacionais nos últimos meses. Em **agosto**, foram registrados 30 901 focos de incêndio, o triplo do número identificado no mesmo mês do ano passado.

Entender esse cenário é importante para fomentar discussões sobre o combate ao desmatamento e a preservação da maior **floresta** tropical do mundo. De acordo com análises feitas pela Nasa e pelo Instituto de Pesquisa Ambiental da Amazônia (Ipam), os incêndios estão relacionados principalmente com a alta de desmatamento no ano.

[...]

Crise das queimadas na Amazônia é assunto para Ciências da Natureza e Humanas, por Marina Aragão e Milena Teixeira. São Paulo, Estadão, 15 out. 2019. Disponível em: <https://educacao.estadao.com.br/blogs/estadao-na-escola/2019/10/15/crise-das-queimadas-na-amazonia-e-assunto-para-ciencias-da-natureza-e-humanas/>. Acesso em: 30 out. 2019.

(Foto: Gabriela Biló/Agência Estado)

- Releia as palavras destacadas e classifique-as em substantivo próprio, comum ou coletivo.

2 Contorne os artigos e sublinhe os substantivos das frases.

a) O rádio é um aparelho muito antigo.

b) Os costumes, as crenças, as lendas, as festas e a música do Brasil expressam a maneira de viver de seu povo.

c) O inventor do avião, Santos Dumont, enche de orgulho o povo brasileiro.

d) Os papagaios e as iguanas são animais silvestres; portanto, deveriam habitar a selva, e não as residências.

• Que tipos de substantivo você sublinhou?

_____

3 Escreva um substantivo coletivo para cada foto. Consulte o quadro.

| enxame | frota | rebanho | cardume |

4 Encontre no diagrama quatro substantivos coletivos e complete as frases com eles.

R	R	B	H	I	X	C	L	A	S	S	E	I	Á	J
T	R	U	G	P	E	L	S	N	Z	Y	R	Á	L	Y
W	E	Q	N	T	F	A	U	N	A	T	V	L	B	W
R	D	U	P	L	E	T	Y	N	O	B	Z	B	U	A
M	O	Ê	O	A	A	T	A	D	I	O	Z	E	M	C

a) Vários animais da .... brasileira estão em risco de extinção.

b) Na .... de Alexandre, todos os alunos têm 9 anos.

c) Gabriel deu um .... de flores brancas para sua mãe.

d) Coloquei no meu .... várias fotos de meus amigos.

5 Escreva o substantivo equivalente à ação. Veja o exemplo.

a) _Brincadeira_ é o substantivo que corresponde à ação de brincar.

b) .... é o substantivo que corresponde à ação de perdoar.

c) .... é o substantivo que corresponde à ação de abraçar.

- Que tipo de substantivo você escreveu na frase?

....

6 Você já brincou de jogo da memória? Em grupos, você e os colegas brincarão de um jogo da memória de substantivos coletivos.

- Destaque as peças do **Jogo da memória** do **Caderno de jogos**, siga as instruções e boa diversão!

Ortografia — Sons do x

1 Você já sabe que a letra **x** representa vários sons. Leia o texto e sublinhe as palavras que têm a letra **x**.

> **Extinção de espécies**
>
> Peixes, tartarugas, baleias, tigres, papagaios, macacos, elefantes, insetos, corais e outros invertebrados: inúmeras espécies são hoje ameaçadas de extinção. Quando uma ou mais espécies desaparecem, o equilíbrio do ecossistema sofre sérios distúrbios. Muitas das espécies conhecidas pelo homem estão em perigo: o panda-gigante da China, o cervo-da-tailândia e a baleia-azul são alguns exemplos. [...]
>
> **A ecologia em pequenos passos**, de François Michel.
> São Paulo: Companhia Editora Nacional, 2005.

- Copie as palavras que você sublinhou e leia-as em voz alta.

....

....

2 A letra **x** representa vários sons. Escreva as palavras de sua resposta que têm:

- **x** com som de **ch**. ....
- **x** com som de **s**. ....
- **x** com som de **z**. ....

3 Outro som representado pela letra **x** é o **cs**. Complete as palavras abaixo com a letra **x** e leia-as em voz alta.

- o............igênio
- crucifi............o
- tá............i
- bo............e

4 Leia estas palavras em voz alta e compare o som das letras destacadas.

> infe**cç**ão   refle**x**ão   fri**cç**ão   comple**x**o

- Agora, faça o que se pede.

    Todas as letras destacadas representam:

    ☐ sons diferentes.   ☐ o mesmo som.

    O som de **cs** pode ser representado pelas letras .... e ....

5 Leia as palavras em voz alta. Contorne apenas aquelas em que o **x** representa som de **s**, como em **explosão**.

> experimentar   exagerado   exame   externo
> luxuoso   experiência   extenso   relaxar
> expectativa   extravagante   enxada   almoxarife

6 Complete as palavras com uma vogal.

- ex............tico
- ex............bir
- ex............stência
- êx............to
- ex............gente
- ex............berante

a) Nessas palavras, o **x** representa som de:

☐ ch   ☐ ss   ☐ z   ☐ s   ☐ cs

b) Complete: o **x** representa som de .... quando aparece entre ....

7 Complete as palavras com **s** ou **x**.

- e............touro
- e............clamação
- e............pecial
- e............terior
- e............paço
- e............pedição
- e............pinho
- e............cursão
- e............tinção

124

8 Leia em voz alta as palavras de cada grupo e observe o som da letra **x**. Contorne a palavra "intrusa" e justifique sua escolha.

a) | Alexandre | apaixonado | exaltado | caixa |

....

b) | máximo | próximo | xodó | trouxe |

....

c) | texto | táxi | Rex | oxigênio |

....

d) | exausto | exibido | exagero | extintor |

....

9 Uma letra faz toda a diferença! Observe os verbetes.

es.per.to *adj.* **1** desperto [...] **2** que percebe tudo; atento, vigilante [...] **3** *fig.* perspicaz, inteligente [...] **4** que age com rapidez e eficiência [...] ♦ *adj. s.m.* **5** espertalhão → cf. *experto*

Minidicionário Houaiss da língua portuguesa, de Antônio Houaiss. Rio de Janeiro: Objetiva, 2009.

ex.per.to *adj. s.m.* especialista, perito → cf. *esperto*

Minidicionário Houaiss da língua portuguesa, de Antônio Houaiss. Rio de Janeiro: Objetiva, 2009.

• Escreva uma frase com cada verbete acima.

....

....

SUBSTANTIVO SIMPLES, COMPOSTO, PRIMITIVO E DERIVADO

Substantivo simples e substantivo composto

Leia estas curiosidades e observe os substantivos destacados.

O **cavalo-marinho** é um **peixe**. Ele recebeu esse nome por ter uma cabeça bem parecida com a dos cavalos. Apesar de ser um peixe, o cavalo-marinho não nada muito bem e também não possui escamas.

O substantivo **cavalo-marinho** é formado por duas palavras.

O substantivo formado por mais de uma palavra é chamado de **substantivo composto**.

A palavra **cavalo-marinho** é um substantivo composto.

O substantivo **peixe** é formado por uma palavra.

O substantivo formado por uma só palavra é chamado de **substantivo simples**.

A palavra **peixe** é um substantivo simples.

Atividades

1 Leia as palavras e contorne o único substantivo simples.

paraquedista	para-brisa	mandachuva	vermelhidão
segunda-feira	tenente-coronel	amor-perfeito	erva-doce

2 Marque um **X** na frase em que há um substantivo composto formado por dois substantivos simples.

☐ Você viu meu sofá novo?

☐ Comprei um novo sofá-cama.

☐ A cama quebrada foi trocada por um sofá.

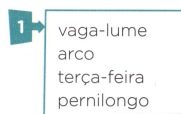

3 Contorne o substantivo que não pertence a cada grupo. Depois, justifique no caderno sua resposta.

1 ➤ vaga-lume
arco
terça-feira
pernilongo

2 ➤ pombo-correio
refeição
fio
família

4 Leia a frase abaixo e contorne o substantivo composto.

Lena descobriu que o mais novo integrante da família é seu meio-irmão.

5 Continue formando substantivos compostos. Veja o exemplo. **Dica:** os substantivos que você vai formar não têm hífen.

- passa + tempo → *passatempo*
- roda + pé → ....
- para + quedas → ....
- ponta + pé → ....

Substantivo primitivo e substantivo derivado

Leia esta tirinha.

Mônica tem uma novidade!, de Mauricio de Sousa. Porto Alegre: L&PM, 2009.

Do substantivo **sorvete**, formou-se o substantivo **sorveteria**. Veja.

sorvete → substantivo primitivo
sorveteria → substantivo derivado

Veja outros exemplos.

cabelo → substantivo primitivo
cabeludo, **cabel**eira, **cabel**eireiro → substantivos derivados

jardim → substantivo primitivo
jardineiro, **jard**inagem → substantivos derivados

- Indique o quadro que tem apenas substantivos derivados do substantivo primitivo **pedra**.

| pedreiro | pedraria | pedrada | ☐ |

| Pedrinho | pedregulho | padre | ☐ |

O **substantivo primitivo** não é formado de outra palavra; ele dá origem a outros substantivos.

O **substantivo derivado** é formado de outras palavras.

Atividades

1 Complete as frases com os substantivos primitivos dos substantivos destacados.

a) Encontrei o .... do meu autor preferido nesta **livraria**.

b) Fui à **papelaria**, mas não encontrei o .... que queria.

c) Preciso ir à **sapataria** levar meus .... para arrumar.

2 Complete as frases com os substantivos derivados dos substantivos que estão no quadro.

| pedra | chuva | flor | vidro |

a) O .... trabalha na construção do prédio.

b) Caiu uma .... tão forte que alagou o pátio da escola.

c) A nova .... do bairro vende lindos buquês de noivas.

d) O .... trocou o vidro quebrado da porta.

3 Marque um **X** na sequência que tem apenas substantivos derivados da palavra destacada.

- **flor**

  ☐ floreira, flocos, florir

  ☐ flúor, florescer, floresta

  ☐ floricultura, florista, floreira

- **casa**

  ☐ casarão, caseiro, casinha

  ☐ acaso, casinha, casebre

  ☐ casebre, casarão, casca

4 Forme alguns substantivos derivados das palavras abaixo.

- pão: ....

  ....

- peixe: ....

  ....

- papel: ....

  ....

5 Forme substantivos derivados dos substantivos primitivos a seguir. Veja o modelo.

- carro: *carroça, carrossel, carroceiro, carrocinha*

  ....

- terra: ....

  ....

- dente: ....

  ....

- árvore: ....

  ....

- café: ....

  ....

Ortografia: Palavras terminadas em -agem, -igem e -ugem

1 Descubra qual é a palavra e escreva as letras que faltam.

a) Lugar onde o carro fica:

g	a	r				

b) O mesmo que procedência:

	o	r				

c) A umidade provoca no ferro:

f	e	r	r			

> Escrevemos com **g** substantivos terminados em **-agem**, **-igem**, **-ugem**, **-ágio**, **-égio**, **-ígio**, **-ógio**.

2 As palavras que você descobriu na atividade 1 são:

☐ verbos.   ☐ substantivos.   ☐ adjetivos.

3 Leia as seguintes frases.

- Você fez boa viagem?
- Viajem tranquilos, pois eu cuidarei das plantas.

a) Viagem é:

☐ verbo.   ☐ substantivo.

b) Viajem é:

☐ verbo.   ☐ substantivo.

EXPLORANDO O TEMA...

Preservação ambiental

Você já foi à praia? Se sim, lembra se levou embora o lixo que você produziu para jogá-lo em local adequado?

A poluição das praias e dos mares é algo muito grave, que afeta todo o ambiente e os seres vivos desses locais. Muitos animais confundem materiais plásticos e outros tipos de lixo com comida e acabam morrendo por conta disso.

Leia este cartum.

A poluição das praias e dos mares coloca em risco a saúde e a segurança das pessoas que frequentam esses lugares.

Arionauro Cartuns, 8 ago. 2018. Disponível em: <http://www.arionaurocartuns.com.br/2018/08/charge-poluicao-praia.html>. Acesso em: 22 mar. 2020.

Refletindo sobre o tema

1 Que comportamento dos seres humanos esse cartum critica?

2 Observe os tipos de lixo que aparecem no corpo e perto do personagem do cartum.

- Como você acha que eles foram parar na praia?

3 Quantas frases há nos balões de fala do cartum? Junto com os colegas, diga quais são elas.

a) Contorne no cartum a frase interrogativa.

b) Agora, sublinhe a frase exclamativa afirmativa.

- O que a exclamação indica nessa fala do personagem?

4 Leia a manchete de uma notícia sobre o mesmo tema do cartum.

> **Neste verão, cuide do meio ambiente e não jogue lixo na praia**
>
> *Materiais artificiais produzidos pelo homem podem levar até 1 milhão de anos para se decompor; leve sempre uma sacola extra para resíduos*
>
> Neste verão, cuide do meio ambiente e não jogue lixo na praia. **SP Notícias**, 1º fev. 2019. Disponível em: <http://www.saopaulo.sp.gov.br/spnoticias/neste-verao-cuide-do-meio-ambiente-e-nao-jogue-lixo-na-praia/>. Acesso em: 22 mar. 2020.

a) Contorne as duas frases imperativas afirmativas dessa manchete.

b) Agora, sublinhe a frase imperativa negativa.

c) Qual a função do ponto e vírgula na manchete?

Ampliando e mobilizando ideias

5 Você leu na manchete que alguns materiais podem levar até 1 milhão de anos para se decompor na natureza. Siga as orientações do professor e, em grupos, criem uma campanha sobre a importância de não jogar lixo na natureza.

- Criem cartazes que mostrem o tempo de decomposição dos materiais.
- Usem frases exclamativas, imperativas afirmativas e imperativas negativas.
- Usem imagens para deixar a campanha mais interessante para os leitores.
- Decidam com o professor o melhor lugar da escola para expor os cartazes.

PENSAR, REVISAR, REFORÇAR

1 Leia esta história em quadrinhos.

Mutts: cães, gatos e outros bichos, de Patrick McDonnell. Rio de Janeiro: Ediouro, 2015.

Mutts: cães, gatos e outros bichos, de Patrick McDonnell. Rio de Janeiro: Ediouro, 2015.

Agora, faça as atividades a seguir.

a) Copie o substantivo composto que aparece na HQ.

....

b) Copie as frases interrogativas.

....

....

....

c) Copie as palavras que têm **x**.

....

- Que som o **x** representa nessas palavras?

....

....

2 No oitavo quadrinho, o que as reticências indicam?

....

....

....

18 NÚMERO DO SUBSTANTIVO: SINGULAR E PLURAL

Você gosta de ler tirinhas? Leia esta observando as imagens e os substantivos destacados.

Mutts: cães, gatos e outros bichos, de Patrick McDonnell. Rio de Janeiro: Ediouro, 2015.

O substantivo destacado no primeiro quadrinho indica um ou mais de um elemento? E o substantivo destacado no último quadrinho? Veja:

> O substantivo pode variar em número, ou seja, pode estar no **singular** ou no **plural**.
>
> O substantivo está no **singular** quando indica um só elemento e está no **plural** quando indica mais de um elemento.

Geralmente formamos o plural com o acréscimo de **s** no fim do substantivo.

Mas nem sempre basta acrescentar essa letra para a formação do plural. Leia as frases:

- Pesquisei um animal selvagem.
- Pesquisei uns animais selvagens.

Atividades

1 Você sabe o que é uma anedota? Leia esta.

Durante o recreio, dois colegas conversam sobre seus cães. O primeiro se gaba de ter um cãozinho muito ativo, sempre disposto a brincar. Já o outro menino...

— Ah, o meu cachorro é muito preguiçoso — diz ele.

— Tadinho. Não fale assim dele — rebate o primeiro.

— Mas é sério. Ele é tão preguiçoso, mas tão preguiçoso que só persegue carros estacionados.

Piadas para rachar o bico 7, de Gabriel Barazal. São Paulo: Fundamento Educacional, 2014.

a) Anedota é um relato

☐ científico.   ☐ divertido.   ☐ histórico.

b) Copie da anedota a frase em que dois substantivos estão no plural. Depois, sublinhe esses substantivos.

....

....

• Complete a frase a seguir com o singular dos substantivos que você sublinhou acima.

Durante o recreio, um .... de Gabriel conversa com Francisco sobre o seu ....

c) Copie, da última frase da anedota, o substantivo que está no plural. ....

• Escreva uma frase com esse substantivo no singular.

....

....

2 Siga as orientações para formar o plural destes substantivos.

a) Substitua **ão** por **ãos**.

- mão: ....
- vão: ....
- irmão: ....
- grão: ....
- cidadão: ....
- órgão: ....

b) Substitua **ão** por **ões**.

- lição: ....
- fogão: ....
- espião: ....
- leão: ....
- balão: ....
- coração: ....

c) Substitua **ão** por **ães**.

- cão: ....
- pão: ....
- capitão: ....
- alemão: ....
- escrivão: ....
- capelão: ....

> Substantivos terminados em **ão** podem fazer o plural terminando em **ãos**, **ões** ou **ães**. Há substantivos que admitem mais de um plural, como **ancião** (anci**ãos**, anci**ães** e anci**ões**) e **corrimão** (corrim**ãos** e corrim**ões**).

3 Complete as frases com o plural do substantivo destacado.

a) Não perdi só um **papel azul**; perdi todos os .... da pasta.

b) Não construiu apenas um **hospital**; construiu dois ....

c) Eu ia colher só um **girassol**, mas colhi muitos ....

> Forma-se o plural dos substantivos terminados em **al**, **el**, **ol** e **ul** trocando-se **l** por **is**.

4 Complete as frases com o substantivo entre parênteses no plural.

a) Enchemos dois .... com a água da chuva. (barril)

b) A cobra e o jacaré são .... (réptil)

c) Onde estão os .... para encher as garrafas? (funil)

> Substantivos terminados em **il** fazem o plural trocando-se **l** por **is**, se a palavra for oxítona; ou por **eis**, se for paroxítona.

5 Marque um **X** na opção em que os substantivos têm a mesma forma no singular e no plural.

☐ países, museus, céus, luzes

☐ ônibus, tênis, pires, lápis

☐ anéis, pincéis, torres, gás

> Alguns substantivos têm a mesma forma no singular e no plural.

6 Assinale com **X** as frases que estão no singular.

☐ Alguém viu meus lápis?

☐ O ônibus acabou de passar!

☐ Por que os ônibus pararam?

☐ Pegue o atlas e pesquise!

7 Leia a tira e converse sobre ela com os colegas. Depois, sublinhe os substantivos que estão no plural e contorne os que estão no singular.

Quadrinho 1: "OS CIENTISTAS DIZEM QUE SOMOS FEITOS DE ÁTOMOS"...

Quadrinho 2: ..."MAS UM PASSARINHO ME DIZ"...

Quadrinho 3: ..."QUE SOMOS FEITOS DE HISTÓRIAS*"...

*Eduardo Galeano

Armandinho Nove, de Alexandre Beck. Florianópolis: A. C. Beck, 2016.

Ortografia: x com som de s; palavras com s

1 Você já ouviu falar do Espaço Cultural da Marinha, localizado no Rio de Janeiro? Leia esta informação, que faz parte de um folheto turístico.

> O **Espaço** Cultural da Marinha apresenta a **exposição** permanente "Galeota Dom João VI" e exposições temporárias. Atracados ao cais estão o Navio-Museu Bauru, o Submarino-Museu Riachuelo e a Nau dos Descobrimentos. Em seu pátio, encontra-se o helicóptero Rei do Mar.
>
> **Folheto Passeio marítimo a bordo do rebocador Laurindo Pitta.**

- Você já conhece alguns sons que a letra **x** pode representar. Em algumas palavras, a letra **x** representa som de **s**. Leia em voz alta estas palavras que aparecem no folheto turístico.

| e**x**posição | e**s**paço |

2 Leia as palavras do quadro observando a primeira sílaba. Depois, complete as palavras a seguir com **es** ou **ex**. Dica: consulte o quadro com palavras da mesma família.

expressão	**ex**plicação	**es**cultor
esperança	**es**piralado	**ex**por
exclusão	**ex**portar	**es**paço

- ....perar
- ....piral
- ....posição
- ....pacial
- ....plicativo
- ....cultura
- ....pressar
- ....portação
- ....cluído

3 Para você memorizar a grafia correta de algumas palavras, vamos jogar bingo.

Siga as instruções:

- Leia as palavras do quadro e complete-as com **s** ou **x**. Depois verifique a escrita correta no dicionário.
- Escolha 9 das 15 palavras e escreva-as na cartela de BINGO abaixo.
- O professor vai sortear as palavras, e você deverá marcá-las na sua cartela.
- Vence quem tiver na cartela todas as palavras sorteadas e escritas corretamente.

ine..........periente	e..........traordinário	e..........portação
e..........pectativa	ade..........trado	e..........paradrapo
e..........quisito	ine..........plicável	e..........cursão
ate..........tado	e..........ploração	e..........tintor
e..........pontâneo	e..........peto	e..........cultor

Bingo

19 GÊNERO DO SUBSTANTIVO: MASCULINO E FEMININO

Leia o texto.

Gostou de um autor? Procure outros títulos dele

Assim como acontece na literatura, na música, no teatro e no cinema, quando gostamos de um autor, cantor, diretora ou atriz, é natural sentir vontade de conhecer outros trabalhos realizados pelo artista. Isso também ocorre com os quadrinhos. Se você gosta do estilo de uma desenhista, é possível que se interesse por outros desenhos feitos por ela. Se você se identifica com o tipo de humor de uma determinada história, é bem provável que outros títulos do mesmo autor também agradem. E, assim, você vai acabar conhecendo mais e mais histórias diferentes.

Almanaque – Histórias em quadrinhos de A a Z, de Aurea Gil e Juliana Rodrigues Kaiser. Barueri, SP: Ciranda Cultural, 2017. p. 35.

O substantivo pode ser do **gênero masculino** ou do **gênero feminino.**

Releia estes trechos do texto:

Quando gostamos de **um autor**.

⬇

gênero masculino

Se você gosta do estilo de **uma desenhista**.

⬇

gênero feminino

Antes de **substantivo masculino**, podemos usar os artigos **o, os, um, uns**.

Antes de **substantivo feminino**, podemos usar os artigos **a, as, uma, umas**.

Os substantivos que nomeiam seres humanos ou animais podem apresentar uma forma para o masculino e outra para o feminino. Observe.

o menino **a menina**

Veja outros exemplos:

- o pai
- o maestro
- o leão

- a mãe
- a maestrina
- a leoa

Alguns substantivos apresentam apenas uma forma para os dois gêneros, masculino e feminino. A distinção entre eles pode ser feita pela presença do artigo antes do substantivo. Veja.

o dentista **a dentista**

substantivo masculino   substantivo feminino

Veja outros exemplos:

- o jornalista
- o pianista
- o colega

- a jornalista
- a pianista
- a colega

145

Atividades

1 Leia esta história em quadrinhos.

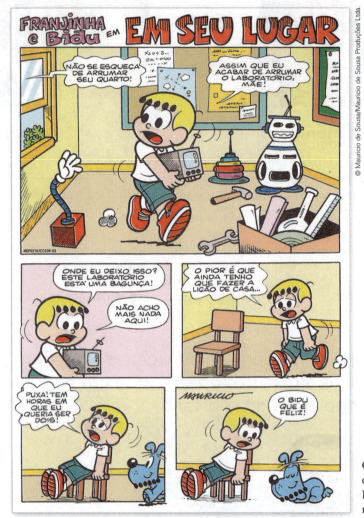

Cascão, de Mauricio de Sousa. São Paulo: Panini Comics, n. 39, mar. 2010.

- Complete as frases sobre a história usando os substantivos do quadro.

| laboratório   mãe   quarto   lição   Franjinha   bagunça |

a) A .... pediu ao .... que ele arrumasse o ....

b) A .... de casa precisa ser feita.

c) O .... estava uma ...., e o Franjinha precisava acabar de arrumá-lo!

2 Leia um trecho do livro **Diário de um fantasminha**.

[...] A Angel me defendia dos outros garotos.

Uma vez o Bruno quis me bater só porque eu não quis fazer a lição dele, e foi a Angel que me defendeu.

Ela é bem brava e não tem medo dos meninos.

Ela tem um grito forte, daqueles gritos de quem vai dar um golpe de caratê, e quando ela faz isso:

— Yehaaaaaaaaaaa!!!

Não tem menino que fique perto. [...]

Diário de um fantasminha, de Adeilson Salles. São Paulo: Intelítera, 2015.

- Copie do texto:

a) um substantivo próprio masculino. _____

b) um substantivo próprio feminino. _____

c) um substantivo comum masculino, no plural. _____

3 Siga as orientações para formar o feminino dos substantivos do quadro desta página e da seguinte.

a) Substitua **o** por **a** no final.

Substantivo masculino	Substantivo feminino
veterinário	
político	
macaco	
médico	

b) Escreva a forma feminina.

Substantivo masculino	Substantivo feminino
freguês	
juiz	
doutor	
camponês	

c) Substitua **ão** por **ã**, **oa** ou **ona**.

Substantivo masculino	Substantivo feminino
cidadão	
leão	
sabichão	
leitão	

4 Escreva a forma feminina. Veja o modelo.

Substantivo masculino	Substantivo feminino
o ator	a atriz
o compadre	
o músico	
o pai	
o zangão	

Alguns substantivos masculinos têm forma bem diferente no feminino.

5 Leia este verbete.

> **la.vra.dei.ra.** substantivo feminino **1.** mulher de lavrador. **2.** mulher que lavra, que faz serviços de lavoura. **3.** mulher que tece lavores com a agulha; rendeira, bordadeira.
>
> **Dicionário eletrônico Houaiss da língua portuguesa**, de Antônio Houaiss.
> Rio de Janeiro: Objetiva, 2011.

a) Qual é a forma masculina de lavradeira? ....

b) Observe a figura e escreva uma frase usando a palavra que você escreveu acima.

....

....

....

6 Leia a lista de objetos e distribua os substantivos nos quadros.

tesouras	regadores	telefone	xícara
mochilas	pião	chave	anéis
apontador	botões	vitrines	pilha

Feminino singular	Feminino plural

Masculino singular	Masculino plural

149

NO DIA A DIA

O trecho da reportagem a seguir foi reescrito de maneira incorreta propositadamente, de forma que alguns substantivos ficaram no singular e outros no plural.

1. Leia o texto e, durante a leitura, contorne os substantivos escritos incorretamente. **Dica:** observe os artigos que os acompanham.

Jovens recebem livros de "biblioteca" que circula pelo Brasil

Projeto Barca das Letras distribui obras para crianças e adolescentes com pouco acesso a materiais de leitura.

Há 11 anos, um tipos de biblioteca **itinerante** leva livros para crianças e adolescentes que têm pouco acesso a esse tipo de material. Com passagem por 13 estados, o projetos Barca das Letras já fez 72 mil livros, gibis e revistas chegarem a mais de 12 mil jovens, incluindo alunos de escolas públicas e moradores de **comunidades ribeirinhas**, indígenas e **quilombolas**.

[...]

Os livro, gibi e revista são obtidos por doação e levados para os destinatário por uma equipe de voluntários. Ao receber as obra, os beneficiados são estimulados a montar as próprias bibliotecas nas redondezas.

[...]

Jovens recebem livros de "biblioteca" que circula pelo Brasil. **Jornal Joca**, São Paulo, 25 set. 2019. Disponível em: <https://www.jornaljoca.com.br/jovens-recebem-livros-de-biblioteca-que-circula-pelo-brasil-2/>. Acesso em: 23 mar. 2020.

Itinerante: que se movimenta de um local para outro.
Comunidades ribeirinhas: grupos que vivem próximo a rios. Muito comuns na região amazônica.
Comunidades quilombolas: grupos formados por descendentes de pessoas escravizadas no passado.

2 Depois de ler o texto e contornar os substantivos escritos incorretamente, reescreva o trecho, corrigindo as palavras que você contornou.

Jovens recebem livros de "biblioteca" que circula pelo Brasil

Projeto Barca das Letras distribui obras para crianças e adolescentes com pouco acesso a materiais de leitura.

Ortografia: za, ze, zi, zo, zu; az, ez, iz, oz, uz

1 Leia algumas curiosidades sobre a zebra e o avestruz.

As zebras são parecidas com os cavalos. Elas têm entre 1,20 e 1,40 metro de altura (medida do ombro até o chão). Cada espécie de zebra tem um padrão de listras diferente. A zebra-de-burchell tem listras largas e bem espaçadas. As listras da zebra-de-grevy são mais estreitas e próximas umas das outras, e sua barriga é branca. A zebra-das-montanhas tem listras largas e espaçadas no traseiro; no resto do corpo, elas são estreitas e próximas.

Zebra. Disponível em: <https://escola.britannica.com.br/artigo/zebra/482918>. Acesso em: 20 jan. 2020.

O avestruz é considerado uma das maiores aves do planeta e não possui capacidade de voar devido a sua estrutura e peso corporal.

Pode ser encontrado em diversos locais do mundo devido à sua resistência aos ambientes com região desértica.

Esta ave possui um sistema digestivo complexo e sua dieta é baseada principalmente em insetos, pequenos animais, gramas e semente.

Animais onívoros. Disponível em: <https://www.todamateria.com.br/animais-onivoros/>. Acesso em: 20 jan. 2020.

Observe as palavras.

zebra → z em início de sílaba

avestru**z** → z em final de sílaba

Veja outros exemplos.

ba**zar**   vi**zi**nho   ra**paz**   ver**niz**

2 Distribua nas colunas as palavras do quadro.

> azedo   azul   tez   surdez   zarolho
> cartaz   sozinho   feroz   dezoito   luz

za, ze, zi, zo, zu	az, ez, iz, oz, uz

3 Faça como no exemplo.

- belo → *beleza*
- real →
- mole →
- nobre →
- pobre →
- magro →

4 Escreva as palavras correspondentes aos significados abaixo.
Dica: todas as palavras terminam em **z**.

a) Antônimo de guerra.

b) Certo jogo de tabuleiro.

c) Órgão da planta que geralmente fica abaixo da superfície.

d) Feminino de ator.

e) Muito bravo.

f) Quem apita partidas de futebol.

153

20 GRAU DO SUBSTANTIVO: AUMENTATIVO E DIMINUTIVO

Leia uma página do diário de uma menina chamada Serafina.

> Querido diário:
>
> Resolvi trazer as **conchinhas** para cá, hoje, porque sonhei com uma **conchona**, grande e linda, às vezes rosa, às vezes azul, que servia de esconderijo, você acredita? Dava para eu ficar bem acomodada dentro da **concha**, aberta ou fechada. Quando ela se fechava, deixando só uma frestinha para eu poder respirar, dava para ouvir a voz do mar.
>
> Que sonho bonito! Aliás, eu também tenho uma coleção de sonhos bonitos. Qualquer dia ainda vou escrever um diário de sonhos.
>
> [...]
>
> **O diário escondido da Serafina**, de Cristina Porto. São Paulo: Ática, 2009.

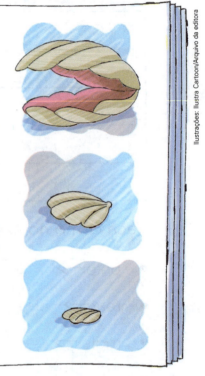

- Sublinhe no texto os dois substantivos que exprimem ideia de tamanho.
- Contorne no texto o adjetivo que indica tamanho.
- O adjetivo que você contornou se relaciona a qual substantivo?

Os substantivos podem sofrer flexão de **gênero** (masculino e feminino) e de **número** (singular e plural) e também flexão de **grau** (aumentativo e diminutivo). Compare:

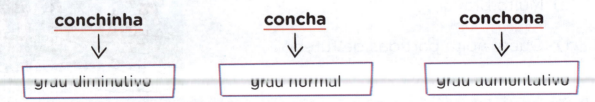

conchinha	concha	conchona
↓	↓	↓
grau diminutivo	grau normal	grau aumentativo

Veja alguns usos do **grau diminutivo**:

- Indicação de tamanho menor que o normal: *Resolvi trazer as **conchinhas** para cá.*
- Indicação de carinho, admiração: *Amo muito minha **mãezinha**.*
- Indicação de desprezo, ironia: *Nunca mais torço para aquele **timinho**.*

O **grau diminutivo** é usado para indicar um tamanho menor que o normal. Além disso, pode indicar carinho, admiração, ironia, desprezo, etc.

Veja alguns usos do **grau aumentativo**:

- Indicação de tamanho maior que o normal: *Adoro quando encontro aquelas **conchonas** na praia.*
- Indicação de carinho, admiração: *O Rodrigo é meu **amigão** desde a infância.*
- Indicação de desprezo, ironia: *Não gosto daquele personagem **chorão**.*

O **grau aumentativo** é usado para indicar um tamanho maior que o normal. Além disso, também pode indicar carinho, admiração, ironia, desprezo, etc.

Graus de alguns substantivos		
Normal	Diminutivo	Aumentativo
animal	animalzinho, animalejo	animalão, animalaço
barco	barquinho	barcaça
cabeça	cabecinha	cabeçorra
fogo	foguinho	fogaréu
homem	homenzinho, hominho	homenzarrão, homão
muro	murinho, mureta	muralha
perna	perninha	pernaça
rapaz	rapazinho, rapazote	rapagão
voz	vozinha	vozeirão

A indicação de tamanho menor ou maior que o normal também pode ser feita por meio dos adjetivos **grande** ou **pequeno** relacionados aos substantivos. Exemplos: Encontrei o lápis **pequeno**; Preciso do lápis **grande**.

Atividades

1 Leia a história em quadrinhos a seguir.

Mônica, de Maurício de Sousa. São Paulo: Panini Comics, n. 29, 2017.

a) Copie do quinto e do sexto quadrinho os substantivos que estão no diminutivo.

....

b) Esses diminutivos foram usados para indicar:

☐ diminuição de tamanho.   ☐ carinho.

2 Contorne as palavras terminadas em **-inho** e **-inha** que não estão no diminutivo.

a) Derrubei farinha em cima da mesinha da sala.

b) A mãe do menininho deixou seu caderno na cozinha.

c) A galinha correu para o quintalzinho do vizinho.

3 Contorne as palavras que, apesar de terminarem em **-ão**, não estão no aumentativo.

a) Todos entraram em ação na montagem do pavilhão.

b) O rapagão colocou todos os papéis na caixa de papelão.

c) A tripulação observou a cidade das janelas do avião.

4 Indique o que o diminutivo e o aumentativo expressam nas frases abaixo. Veja o quadro.

> carinho   admiração   desprezo

a) Não quero fazer parte dessa **turminha**! ....

b) Que **golaço**! ....

c) Você é um **amigão**! ....

5 Copie as frases escrevendo os substantivos destacados no grau diminutivo usando uma destas terminações: **-inho/-inha**, **-zinho/-zinha**.

a) Este **sapato** é novo!

....

b) Ganhei um lindo **anel**!

....

c) O **carro** azul veio com defeito.

....

d) Esta é minha **irmã** caçula.

....

6 Complete a cruzadinha.

Verticais
1. Diminutivo de **menina**.
2. Singular de **fogões**.
3. Plural de **salão**.

Horizontais
1. Diminutivo de **avião**.
2. Diminutivo de **beijo**.
3. Diminutivo de **leão**.

Ortografia: -inho/-inha, -zinho/-zinha

1 Reescreva as frases, escrevendo o nome dos objetos das imagens no diminutivo. Use **-inho** ou **-inha**; **-zinho** ou **-zinha**.

a) Com o pintei as folhas.

....

b) Coloquei o lápis em cima da .

....

c) O  chegou à estação.

....

d) Lavei a nova.

....

Palavras que não têm **s** na última sílaba fazem o diminutivo com terminação **-zinho** e **-zinha**.

Palavras que têm **s** na última sílaba fazem o diminutivo com terminação **-inho** e **-inha**.

2 Leia a frase a seguir e contorne os substantivos que estão no diminutivo.

Comprei uma linda rosinha para dar à minha mãezinha.

- Agora, reescreva essa frase com os substantivos no grau normal.

....

21 ADJETIVO

Leia esta história em quadrinhos.

Almanaque Historinhas de uma página: Turma da Mônica. Barueri: Panini Comics, n. 4, 2009.

As palavras **velozes**, **divertidos**, **sensíveis**, **valentes**, **dorminhocos**, **preguiçosos**, **asseados**, **comilões**, **desconfiados** e **amorosos** indicam características do substantivo **gatos**. Essas palavras são chamadas de **adjetivos**.

Adjetivo é a palavra que atribui características, qualidades ao substantivo.

Leia este diálogo.

A palavra **espanhol** indica o local de nascimento de Juan, portanto é um **adjetivo**.

Leia este anúncio.

A palavra **português** indica a origem do azeite (onde ele foi fabricado), portanto é um **adjetivo**.

Os adjetivos que indicam local de nascimento ou de origem são chamados de **adjetivos pátrios**.

Atividades

1 Classifique as palavras destacadas. Veja o exemplo.

	Adjetivo	Adjetivo pátrio
desenho **engraçado**	X	
aluno **uruguaio**		
caderno **novo**		
brinquedo **brasileiro**		
população **espanhola**		
casa **europeia**		
carro **alemão**		

Adjetivos e **adjetivos pátrios** qualificam, caracterizam, os substantivos.

2 Contorne os adjetivos das frases desta página e da seguinte, e escreva o substantivo a que eles se referem.

a) O sorvete parece delicioso.

....

b) Carolina é alegre e inteligente.

....

162

c) Alguém viu minha caneta vermelha? ....

d) Ganhei uma calça nova que ficou muito comprida. ....

> Cores também podem ser adjetivos.

3 Escreva em cada coluna de adjetivos um substantivo do quadro que combine com eles.

| cão | vestido | filme |
| aluna | carro | sorvete |

estampado	gelado	estudiosa
curto	cremoso	organizada
florido	saboroso	nova
....	....	....

potente	romântico	peludo
moderno	triste	manso
caro	comovente	obediente
....	....	....

4 Complete as frases com adjetivos.

a) Carla ia para a festa quando escorregou e caiu. Seu vestido ....

.... ficou todo ....

b) A cliente entrou na loja e comprou dois casacos: um ....

.... e outro ....

c) As frutas do mercado estavam ...., mas os

legumes estavam ....

5 Complete o anúncio com adjetivos.

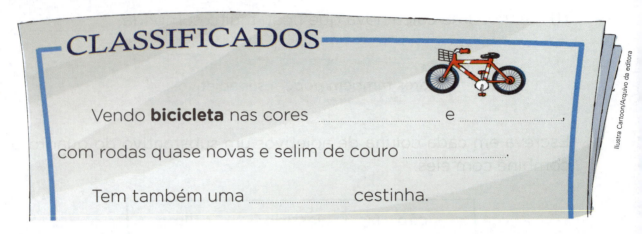

CLASSIFICADOS

Vendo **bicicleta** nas cores _____ e _____,

com rodas quase novas e selim de couro _____.

Tem também uma _____ cestinha.

6 Complete as frases com os adjetivos pátrios do quadro. Se necessário, consulte o dicionário.

| paulista | carioca | fluminense | paulistano |

a) Nasci na cidade de São Paulo; sou _____.

b) Nasci no estado de São Paulo; sou _____.

c) Nasci na cidade do Rio de Janeiro; sou _____.

d) Nasci no estado do Rio de Janeiro; sou _____.

7 Contorne os adjetivos e reescreva as expressões, passando-as para o feminino plural.

a) O menino esperto. _____

b) Um cãozinho lindo. _____

8 Leia o início de uma história e observe os adjetivos destacados.

A cidade não era lá essas coisas: **grande** demais, **poluída** demais, **perigosa** demais. O bairro, entretanto, era **delicioso**, e aquela rua era muito **especial**...

Não apenas porque Raquel morava ali.

Era mesmo a rua mais **bonita** do lugar!

[...]

E era dentro da casa mais **bonita** dessa rua que ela morava. Raquel, a moradora mais **digna** para aquela mansão.

Pequena e **miúda** como uma boneca, toda **delicada** e **doce**, a pele bem **morena**, os cabelos **crespos** e **escuros** caindo em ondas pelos ombros, os olhos de bezerrinho chamando a mãe. O rosto **pálido** completava o seu arzinho **carente**, de quem pede amor.

Com o rei na barriga, de Regina Drummond. São Paulo: Scipione, 2011.

- Escreva os adjetivos destacados no texto que caracterizam cada substantivo abaixo.

a) Cidade:

b) Bairro:

c) Rua:

d) Casa:

e) Moradora:

f) Raquel:

g) Pele:

h) Cabelos:

i) Rosto:

j) Arzinho:

DE OLHO NO DICIONÁRIO

1 No dicionário é possível saber se uma palavra é substantivo, artigo, adjetivo, etc. Observe a reprodução deste verbete.

> **elástico.** e-lás-ti-co *adjetivo* **1.** que é flexível, que pode ser esticado, apertado e depois voltar ao tamanho e à forma normal. *Você já brincou na cama elástica?*
>
> *substantivo* **2.** fita, fio ou tira feitos de borracha que servem para prender alguma coisa. *Else usou um elástico para prender os cabelos num rabo de cavalo.*
>
> **Saraiva Infantil de A a Z: dicionário da língua portuguesa ilustrado.** São Paulo: Saraiva, 2008.

- Agora, classifique os termos destacados nas frases a seguir em **adjetivo** ou **substantivo**.

a) Este biquíni foi feito com tecido **elástico**.

_____

b) O **elástico** das minhas meias esgarçou.

_____

c) Você já viu como as ginastas têm o corpo **elástico**?

_____

d) Preciso de um **elástico** para prender o cabelo.

_____

2 Localize no dicionário um adjetivo iniciado pela letra **m** que tenha mais de um significado. Escolha um desses significados e escreva uma frase com ele.

- adjetivo → _____

- significado → _____

- frase → _____

3 A família é o primeiro grupo do qual fazemos parte. Cada família tem seu jeito de ser, de se organizar, de viver. Como é a sua família? Conte para a turma.

Depois escreva o nome de alguns componentes dela; por exemplo, seus irmãos (se tiver), seus pais ou responsáveis, seus tios, seus avós. Em seguida, escreva a relação de parentesco que eles têm com você. Por fim, indique a principal característica (adjetivo) de cada um.

Ortografia -oso, -osa

Leia o poema.

Pomar (Henriqueta Lisboa)

Menino – madruga
o pomar não foge!
(Pitangas maduras
dão água na boca.)

Menino descalço
não olha onde pisa.
Trepa pelas árvores
agarrando pêssegos.
(Pêssegos macios
como paina e flor.
Dentadas de gosto!)

Menino, cuidado,
jabuticabeiras
novinhas em folha
não aguentam peso.

Rebrilham cem olhos
agrupados, negros.
E as frutas estalam
– espuma de vidro –
nos lábios de rosa.
Menino guloso!

Menino guloso,
ontem vi um figo
mesmo que um veludo,
redondo, polpudo,
e disse: este é meu!
Meu figo onde está?

– Passarinho comeu,
passarinho comeu...

Poesias, de José Paulo Paes. São Paulo: Ática, 2012. p. 30-31.

Observe no poema a palavra **guloso**. Essa palavra dá características ao menino, ou seja, é adjetivo:

gula → substantivo feminino → desejo excessivo de comer

guloso → adjetivo → que tem gula, que tem compulsão por comer.

1 Escreva adjetivos formados dos substantivos. Veja o exemplo.

Substantivo	Adjetivos
capricho	*caprichoso, caprichosa*
cheiro	
teima	
orgulho	
mentira	

2 Leia as frases.

> Uma criança com muito talento é uma criança **talentosa**.
> Uma mãe cheia de afeto é uma mãe **afetuosa**.
> Um pai cheio de cuidados é um pai **cuidadoso**.
> Frutas com muito sabor são frutas **saborosas**.

- Agora, assinale a opção **correta**.

a) As palavras destacadas nas frases são:

☐ substantivos. ☐ adjetivos.

b) Essas palavras são formadas a partir de:

☐ substantivos. ☐ adjetivos.

- De quais substantivos esses adjetivos são formados?

....

c) Complete a informação.

Adjetivos terminados com os sons .... e ....

são sempre escritos com a letra ....

3 Reescreva as frases, substituindo os trechos destacados por adjetivos terminados em **-oso** ou **-osa**. Faça as adaptações necessárias. Veja o exemplo.

a) Aquele cantor **tem muita fama**. *Aquele cantor é famoso.*

b) Que menina cheia de dengo!

....

c) Quem **tem esperança** é mais feliz.

....

22 GRAU DO ADJETIVO: COMPARATIVO E SUPERLATIVO

Observe as comparações feitas com o adjetivo **alto** no **grau comparativo**.

Felipe é **mais alto que** Hugo.

Carlos é **tão alto quanto** Ana.

Gabriel é **menos alto que** Lúcia.

Usamos o **grau comparativo** para comparar características. Ele pode ser:
- **de igualdade**: indicado pelas expressões **tão... quanto** ou **tanto... quanto**.
- **de inferioridade**: indicado pelas expressões **menos que** ou **menos do que**.
- **de superioridade**: indicado pelas expressões **mais que** ou **mais do que**.

Alguns adjetivos possuem formas diferentes para o **grau comparativo de superioridade**. Veja:

bom → **melhor**   mau → **pior**

grande → **maior**   pequeno → **menor**

Agora, leia estas frases:

Joana está **muito feliz**. Ela está **felicíssima**!

Feliz é o adjetivo na forma normal.

Muito feliz e **felicíssima** estão no **grau superlativo**.

O **grau superlativo** indica que o adjetivo está sendo intensificado.

Atividades

1 Leia esta fábula e contorne todos os adjetivos.

Um belo dia, a raposa encontrou a cegonha e convidou-a para jantar. Fez apenas uma sopinha rala, e a serviu em um único prato, sobre uma mesa. Acontece que a cegonha tinha um bico muito duro e comprido e, cada vez que tentava tomar a sopa, o bico batia no fundo do prato e ela nada conseguia beber.

A raposa, esperta, aproveitou-se disso e lambeu a sopa toda. Alguns dias depois, a cegonha quis se vingar daquele jantar. Sabendo que a raposa era bem gulosa, convidou-a para um banquete em sua casa. Ela aceitou muito contente. Na hora do jantar, a raposa sentou-se depressa à mesa, esperando a comida chegar. Nesse momento, a cegonha entrou na sala e colocou sobre a mesa um vaso de gargalo estreito e muito comprido. Lá dentro, estava a carne macia e cheirosa que seria o jantar dos dois bichinhos.

A cegonha, com seu bico fino e comprido, conseguiu comer toda a carne, enquanto a raposa tentava enfiar lá dentro o focinho, sem sucesso.

Pobre raposa! Quis dar uma de esperta, e só o que conseguiu foi levar para casa sua barriga, roncando de tão vazia.

Jean de La Fontaine. In: **Para saber mais: a enciclopédia do estudante**. Recreio. São Paulo: Abril.

a) Como era o bico da cegonha?

....

b) Escreva uma frase usando os adjetivos **fino** e **comprido** no grau comparativo de superioridade.

....

....

c) Escreva uma frase usando o adjetivo **esperta** no grau comparativo de inferioridade.

....

2 Você conhece o conto **Branca de Neve e os sete anões**? Veja a cena abaixo e complete as falas da Madrasta e do Espelho usando adjetivos sinônimos.

ESPELHO, ESPELHO MEU... EXISTE ALGUÉM MAIS .... DO QUE EU?

SIM, MAJESTADE! BRANCA DE NEVE É A MAIS .... !

a) Qual adjetivo você usou na fala da Madrasta? ....

• Qual sinônimo desse adjetivo você usou na fala do Espelho?

....

b) Quais palavras indicam a comparação entre a Madrasta e Branca de Neve. ....

3 Reescreva as falas das crianças usando o superlativo terminado em **-íssimo** dos adjetivos.

MEU AMIGO É MUITO BOM!

MEU BRINQUEDO PREFERIDO É ANTIGO!

172

4 Contorne o adjetivo e numere as frases conforme o código.

[1] grau comparativo de igualdade

[2] grau comparativo de superioridade

[3] grau comparativo de inferioridade

[ ] O trem é menos veloz do que o metrô.

[ ] O cravo é tão perfumado quanto a rosa.

[ ] A vovó é mais velha do que a mamãe.

5 Observe a ilustração e leia o texto.

Gabriela é uma aluna estudiosa. Seu desempenho foi bom na Olimpíada de Matemática, no entanto Júlio foi melhor que ela. Mas quem ficou em 1º lugar mesmo foi Mariana, que é mais estudiosa do que os outros dois.

a) Quem são os alunos estudiosos?

....

b) Quem venceu a Olimpíada? Por quê?

....

....

Ortografia l, u

1 Observe as ilustrações e complete os nomes com **l** ou **u**.

 chapé............ barri............ go............

2 Escreva palavras que tenham o mesmo som final das palavras do quadro.

Chapéu	Papel

3 Continue escrevendo palavras. Veja o exemplo.

- partir → _partiu_
- cobrir → ....
- sorrir → ....
- dividir → ....
- desistir → ....
- sair → ....
- garantir → ....
- mentir → ....

4 Complete com **-il**:

a) os seguintes substantivos:

can............ fun............ cant............ barr............ abr............

b) os seguintes adjetivos:

út............ frág............ fác............ sut............ dóc............

5 Complete o nome dos países com **l** ou **u**.

Brasi............ Senega............ A............strália

África do Su............ Ma............ritânia E............ Sa............vador

6 Leia os verbetes e complete as frases com as palavras **calda** ou **cauda**.

> **calda** (cal.da) *substantivo*. Mistura de água, leite ou suco de frutas com açúcar que se leva ao fogo até ficar grossa. Outros ingredientes podem ser adicionados a ela, como chocolate, baunilha, coco etc.
>
> **cauda** (cau.da) *substantivo*. **1.** Rabo. [...]. **2.** Parte comprida no lado de trás do vestido. [...] **3.** Caminho luminoso que acompanha os cometas. [...]
>
> **Saraiva Infantil de A a Z: dicionário da língua portuguesa ilustrado**. São Paulo: Saraiva, 2008.

a) A .... do gato ficou enrolada no pé da cadeira.

b) Quero uma fatia de pudim com bastante ...., por favor.

c) Coloquei chocolate amargo na .... do sorvete.

d) O noivo pisou na .... do vestido da noiva.

23 CONCORDÂNCIA ENTRE ARTIGO, SUBSTANTIVO E ADJETIVO

Leia o poema. Em seguida, contorne os adjetivos.

As cores

Vermelha é a maçã
Do lado que bate o sol,
Do lado que o sol não bate,
Branca é a sua cor.

A pimenta tem de ser verde,
O tomate, avermelhado.
A berinjela, bem morena,
De olhinhos revirados.

Poesia de bicicleta, de Sérgio Capparelli. Porto Alegre: L&PM, 2009.

Observe como substantivo e adjetivo são usados nas frases a seguir.

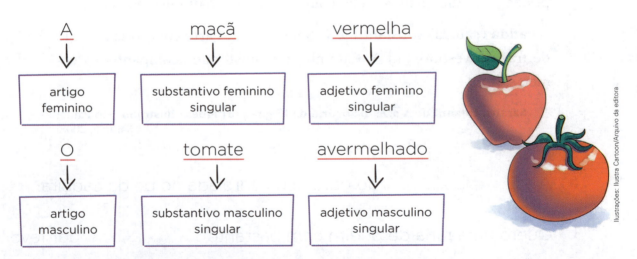

A	maçã	vermelha
artigo feminino	substantivo feminino singular	adjetivo feminino singular

O	tomate	avermelhado
artigo masculino	substantivo masculino singular	adjetivo masculino singular

O **adjetivo** varia para concordar com o **substantivo** em **gênero** (masculino e feminino) e em **número** (singular e plural).

Atividades

1 Leia o texto e observe as palavras sublinhadas.

Por que a água do mar é tão salgada?

O sal presente no mar vem das rochas dos continentes, que contêm muitos sais minerais. Com a ação da chuva, as rochas acabam se fragmentando e se dividindo em **pequenas partículas**. Aí, **os sais dissolvidos** são carregados pelos rios e córregos, chegando aos oceanos. Mesmo que estejam em baixa concentração nos rios, ao longo do tempo os sais se acumulam nos mares. Além disso, o calor faz parte da água do mar evaporar, mas o sal permanece por lá. Sabia que há cerca de 35 gramas de sal para cada litro de água dos oceanos?

Recreio. São Paulo: Abril, n. 819, ano 15, 19 nov. 2015.

- Escreva no quadro, separadamente, cada palavra sublinhada no texto e indique sua classe gramatical.

Artigo	Substantivo	Adjetivo

2 Escreva um artigo e um adjetivo que concordem com os substantivos do quadro.

Artigo	Substantivo	Adjetivo
	joias	
	prédio	
	viagem	
	países	

3 Leia esta tirinha.

Armandinho cinco, de Alexandre Beck. Florianópolis: A. C. Beck, 2015.

- Copie da tirinha os adjetivos que acompanham os substantivos:

    lugares → ....

    países → ....

    culturas → ....

4 Complete as frases com os adjetivos do quadro, fazendo a concordância.

| mamífero | solar | feliz | fresco |

a) Os coelhos são animais ....

b) Os raios .... podem gerar energia elétrica.

c) Os turistas embarcaram ....

d) As frutas estão ....

5 Escreva um pequeno texto em que apareçam os artigos, substantivos e adjetivos do quadro.

Artigo	Substantivo	Adjetivo
uma	tarde	agradável
o	filme	inédito
as	festas	animadas

....

....

....

....

6 Observe as imagens e dê um adjetivo para cada substantivo.

balões ....

palhaço ....

frutas ....

crianças ....

DE OLHO NO DICIONÁRIO

1 As terminações **-ez** e **-eza** são usadas para transformar adjetivos em substantivos. No dicionário também é possível encontrar essa informação. Veja.

> **mal.va.do** *adj. s.m.* que(m) pratica ou é capaz de praticar crueldades; mau, cruel ◊ bondoso ~**malvadez** *s.f.* – **malvadeza** *s.f.*
>
> **Minidicionário Houaiss da língua portuguesa**, de Antônio Houaiss. Rio de Janeiro: Objetiva, 2009.

a) Qual é o adjetivo que está sendo explicado nesse verbete?

....

b) Que substantivos derivados desse adjetivo são apresentados no verbete?

....

c) Escreva uma frase com o adjetivo e uma frase com um dos substantivos derivados.

....

....

....

2 Procure no dicionário o substantivo **lucidez** e copie o verbete.

....

....

- De qual adjetivo o substantivo **lucidez** foi derivado?

....

3 Preencha o quadro com os substantivos derivados dos adjetivos. Se precisar, consulte o dicionário.

Adjetivo	Substantivo derivado
esperto	
firme	
triste	
grande	
natural	
puro	
certo	

- Escolha do quadro um adjetivo e um substantivo e crie uma única frase com eles.

....

....

4 Pesquise no dicionário os adjetivos pátrios correspondentes aos estados brasileiros a seguir.

 Paraná: ....

 Ceará: ....

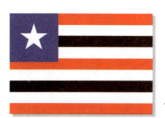 Maranhão: ....

 Pará: ....

- Agora complete a frase.

Os adjetivos acima possuem a terminação ....

Ortografia: -ez, -eza; -ês, -esa, -ense

Leia a frase.

> A **delicadeza** e a **intrepidez** da malabarista **chinesa** encantaram o público.

Observe.

delicado → delicad**eza**
intrépido → intrepid**ez**

↓ adjetivos   ↓ substantivos

Os substantivos **delicadeza** e **intrepidez** são derivados dos adjetivos **delicado** e **intrépido**. São escritos com **-ez** e **-eza**.

Agora, observe.

chin**es** → chin**esa**   franc**es** → franc**esa**

Alguns adjetivos pátrios terminam em **-ês** no gênero masculino e em **-esa** no gênero feminino.

Veja agora estes adjetivos pátrios.

> Ele é amazon**ense**.   Ela é amazon**ense**.

Eles têm a mesma forma no masculino e no feminino e terminam em **-ense**.

1 Complete as palavras com **-ês** ou **-ez**.

- altiv............
- ingl............
- gravid............
- holand............
- acid............
- japon............
- surd............
- irland............
- maci............

2 Complete as palavras com **-esa** ou **-eza**.

- japon............
- fraqu............
- portugu............
- limp............
- noruegu............
- bel............
- delicad............
- escoc............
- polon............

3 Distribua no quadro as palavras das atividades 1 e 2.

Substantivo	Adjetivo pátrio

4 Complete as frases com os adjetivos pátrios. **Dica:** todos têm a mesma terminação.

a) Tatiana e Marcos nasceram em Recife. Eles são ....

b) Carla nasceu no Paraná e Vítor nasceu no Ceará. Carla é .... e Vítor é ....

c) Quem nasce em Belém é ....

24 PRONOME PESSOAL DO CASO RETO E PRONOME DE TRATAMENTO

Leia a tirinha a seguir. Observe as palavras destacadas no 3º quadrinho.

Garfield sem apetite, de Jim Davis. Porto Alegre: L&PM, 2014.

A palavra **eu** está no lugar do substantivo próprio **Garfield**, e a palavra **ela** está no lugar do substantivo **natureza**.

As palavras **eu** e **ela** são **pronomes**.

A palavra que usamos no lugar de um substantivo (nome) é chamada de **pronome**.

Há vários tipos de pronome. Um deles é o **pronome pessoal**.

Os pronomes pessoais indicam uma das pessoas do discurso. Veja:

- **Primeira pessoa** — aquela que fala: **eu** (singular) e **nós** (plural).
- **Segunda pessoa** — aquela com quem se fala: **tu/você** (singular) e **vós/vocês** (plural).
- **Terceira pessoa** — aquela de quem se fala: **ele/ela** (singular) e **eles/elas** (plural).

Observe estas cenas.

Eu indica a pessoa que fala.

Nós indica as pessoas que falam.

Tu indica a pessoa com quem se fala. Pode ser substituído por **você**; nesse caso, o verbo muda.

Vós indica as pessoas com quem se fala. Pode ser substituído por **vocês**; nesse caso, o verbo muda.

Ele e **ela** indicam a pessoa de quem se fala.

Eles indica as pessoas de quem se fala.

Os pronomes **eu**, **tu/você**, **ele/ela**, **nós**, **vós/vocês**, **eles/elas** são chamados de **pronomes pessoais do caso reto**.

Os pronomes **tu** e **vós** são pouco usados no Brasil. Em geral, utilizamos **você** e **vocês**.

Observe as cenas a seguir.

As palavras **senhor** e **você** e as expressões **Vossa Majestade** e **Vossa Excelência** são pronomes de tratamento.

Os **pronomes de tratamento** são palavras ou expressões que usamos quando nos dirigimos a alguém.

Conheça alguns pronomes de tratamento.

Pronome	Abreviatura	Emprego
Vossa Alteza	V. A.	usado para príncipes, princesas, duques e duquesas
Vossa Excelência	V. Ex.ª ou V. Exa.	usado para autoridades, como reitores, juízes de Direito, oficiais, generais, deputados, ministros, prefeitos, governadores, presidentes da República e outros
Vossa Majestade	V. M.	usado para reis, rainhas e imperadores
Vossa Santidade	V. S.	usado para líderes religiosos supremos, como o papa e o Dalai Lama
Vossa Senhoria	V. S.ª ou V. Sa.	usado para pessoas que ocupam cargos importantes, como diretores, algumas patentes militares e outras autoridades que não tenham tratamento específico
Senhora e Senhor	Sra. e Sr.	usado para mulheres e homens, geralmente mais velhos

Atividades

1 Na cantiga a seguir foram omitidos os pronomes pessoais do caso reto **eu** e **tu**. Escreva-os nos espaços corretos.

Se essa rua fosse minha

Se essa rua, se essa rua fosse minha,

_____ mandava, _____ mandava ladrilhar

Com pedrinhas, com pedrinhas de brilhante

Só pra ver, só pra ver meu bem passar.

Nessa rua, nessa rua tem um bosque

Que se chama, que se chama Solidão,

Dentro dele, dentro dele mora um anjo

Que roubou, que roubou meu coração.

Se _____ roubei, se _____ roubei teu coração,

_____ roubaste, _____ roubaste o meu também.

Se _____ roubei, se _____ roubei teu coração,

Foi porque, só porque te quero bem.

Cantiga popular.

2 Contorne nas frases o pronome pessoal do caso reto e informe a pessoa e o número de cada um deles.

a) Eles foram ao cinema. _____

b) Eu perdi meu estojo. _____

c) Quando nós viajaremos? _____

d) Não queria que elas fossem embora. _____

3 Leia esta HQ e responda à pergunta.

Garfield, um gato em apuros, de Jim Davis. Porto Alegre: L&PM, 2009.

- A quem se refere os pronomes pessoais **eu**, **nós** e **eles**? (primeiro e último quadrinhos)?

....

....

O **pronome pessoal** substitui o substantivo.

4 Complete as frases substituindo as palavras destacadas por pronomes pessoais.

a) **Eu e você** já podemos ir ao clube. .... vamos à piscina.

b) **Rodrigo, Renato e Róbson** são irmãos. .... moram juntos.

5 Leia a informação e responda às questões da página seguinte.

As algas são plantas sem raízes nem caule. Elas possuem clorofila e por isso realizam a fotossíntese.

a) Que palavra do texto o pronome elas está substituindo?

....

b) Por que foi feita essa substituição?

....

c) A palavra elas é um:

☐ artigo.   ☐ substantivo.   ☐ pronome.

6 Contorne os pronomes de tratamento das frases.

a) Vossa Alteza gostaria de dançar?

b) A senhora pode ler uma história para mim?

c) Você já foi à capital do Brasil?

d) Vossa Excelência é a favor do novo projeto?

• Escreva as frases acima nos balões de fala adequados.

Ortografia → ns

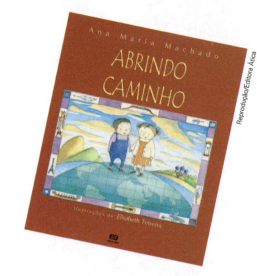

1 Leia esta indicação de leitura. Observe o substantivo circulado.

Abrindo caminho

Ana Maria Machado
Ilustração Elisabeth Teixeira

Abrindo caminho mostra (personagens) do passado, gente de verdade que conseguiu transformar obstáculo em caminho, inimigo em amigo, fim em começo. Quantos caminhos foram abertos! E quantos caminhos existem ainda por abrir.

Catálogo de literatura infantil, Ática/Scipione. p. 107.

a) A forma como esse substantivo está escrito indica um ou mais elementos? _____

b) Escreva esse substantivo na forma que indica apenas um elemento. _____

> As palavras terminadas em **m**, quando vão para o plural, mudam sua terminação para **ns**. Exemplo: personage**m** → personage**ns**

2 Reescreva as frases abaixo, passando os substantivos destacados para o plural e fazendo as adaptações necessárias.

a) Comi todo o **amendoim** ontem!

_____

b) A **paisagem** inspirou a pintura da **imagem**.

_____

c) Deixei uma **mensagem** na portaria.

_____

190

3 Encontre e contorne dez palavras no diagrama. Depois, distribua-as nas colunas corretas.

```
A H Ç N C O N S T R U Ç Ã O É Á
I N S T A N T Â N E O X A V U L
R P K X B A H Q O D G A Z O U B
O A U A L G U N S O Q U X E J U
Ê R Z A E L O B I S O M E N S N
M A A U B E Ç C T O A P F K X S
U B C O N S T E L A Ç Ã O I G N
N É W T A T R A N S P L A N T E
Y N J T R A N S F E R Ê N C I A
U S C M I N S T A N T E U J L A
```

Palavras com	ans		
	ens		
	ins		
	ons		
	uns		

4 Escreva frases com o singular dos seguintes substantivos.

a) pudins

....

b) jovens

....

c) garagens

....

25 PRONOMES PESSOAIS DO CASO OBLÍQUO

Leia a placa.

A palavra **o** destacada na placa acima refere-se ao substantivo **ambiente**.

A palavra **o** é um exemplo de **pronome pessoal do caso oblíquo**.

Veja, nas frases abaixo, a substituição de substantivos pelos pronomes **a** e **os**.

Júlia pegou **a mochila**.
Júlia **a** pegou.
Júlia pegou-**a**.

Ele comprou **os livros**.
Ele **os** comprou.

Observe o quadro com os pronomes pessoais.

	Caso reto	Caso oblíquo
Primeira pessoa do singular	eu	me, mim, comigo
Segunda pessoa do singular	tu	te, ti, contigo
Terceira pessoa do singular	ele/ela	o, a, lhe, se, si, consigo
Primeira pessoa do plural	nós	nos, conosco
Segunda pessoa do plural	vós	vos, convosco
Terceira pessoa do plural	eles/elas	os, as, lhes, se, si, consigo

Os pronomes do caso oblíquo fazem correspondência com os pronomes do caso reto.

Os pronomes oblíquos **o**, **a**, **os**, **as** têm também as formas **lo**, **la**, **los**, **las**, **no**, **na**, **nos**, **nas**. Veja.

O menino vai colher **a flor**. → O menino vai colhê-**la**.

O menino vai regar **o canteiro**. → O menino vai regá-**lo**.

As crianças colheram **a flor**. → As crianças colheram-**na**.

As crianças regaram **o canteiro**. → As crianças regaram-**no**.

Se o verbo terminar em **r**, a consoante cai e o pronome assume o modo **lo, la, los, las**:

colhe**r** + **a** → colhê-**la**   faze**r** + **o** → fazê-**lo**

Se o verbo terminar em **m**, o pronome assume o modo **no, na, nos, nas**:

colhera**m** + **a** → colheram-**na**   regara**m** + **o** → regaram-**no**

Atividades

1 Leia as frases e escreva a quem se referem os pronomes pessoais destacados.

a) Clara coleciona chaveiros. **Ela** já tem quarenta. Seu tio chegou de viagem e **lhe** trouxe mais quatro.

Ela → refere-se a ....

lhe → refere-se a ....

b) Quando Paulo fez 9 anos, sua avó presenteou-**o** com a bicicleta que **ele** queria.

o → refere-se a ....

ele → refere-se a ....

c) Renato, **eu** gostaria de ouvir de novo aquela música que **você** cantou ontem para **mim**.

eu → refere-se a ....

você → refere-se a ....

mim → refere-se a ....

2 Nas frases a seguir, a quais pronomes pessoais do caso reto os pronomes oblíquos destacados correspondem?

a) Após anos, reencontrei Paulo e dei-**lhe** um forte abraço.

....

b) Filho, eu e seu pai vamos sair. Quer passear **conosco**?

....

c) Ana **me** ligou e disse que iria ao cinema com suas amigas.

....

d) A menina estava doente, mas não gostava da ideia de não poder brincar. Por fim, convenceram-**na** a não sair na chuva.

....

3 Reescreva as frases, substituindo as palavras destacadas por um pronome pessoal do quadro.

| lhe | as | no | ele | elas |

a) **O aluno** não fez a lição.

....

b) Lave **as mãos** depois de ir ao banheiro.

....

c) Camila entregou **ao professor** sua pesquisa.

....

d) Encontraram **o gato** em cima do telhado.

....

e) **Júlia** e **Elis** regaram as plantas.

....

4 Copie os pronomes destacados nas frases, classifique-os e indique qual substantivo eles substituem.

a) — Alguém viu meu livro?
— Alex **o** escondeu.

....

b) — Os bombeiros já tiraram todas as pessoas do prédio?
— Não, mas **eles** vão tirá-**las**.

....

c) **Eu** comprei uma blusa e **a** dei de presente para minha prima.

....

Ortografia — h inicial; lh, li

1 Leia a fala da menina em voz alta, comparando o som inicial das palavras destacadas. Complete a frase a seguir.

ORA, CECÍLIA, VOCÊ DEMOROU MUITO! ESTOU ESPERANDO HÁ UMA HORA.

- Na língua portuguesa, a letra **h** não tem som quando aparece no .... da palavra.

2 Leia as seguintes palavras em voz alta e veja como o som que **li** e **lh** representam são parecidos.

| Cecí**li**a | famí**li**a | ju**lh**o | Jú**li**o | toa**lh**a | ve**lh**a |

Como o som que **li** e **lh** representam são parecidos, é preciso prestar atenção à escrita das palavras.

3 Assinale com **X** o quadro das letras que completam o nome de cada figura. Depois, complete cada nome com essas letras.

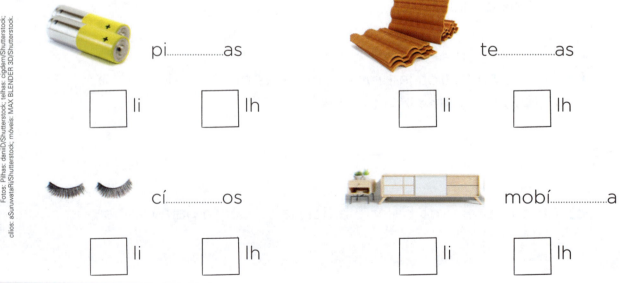

pi.............as   te.............as

☐ li   ☐ lh   ☐ li   ☐ lh

cí.............os   mobí.............a

☐ li   ☐ lh   ☐ li   ☐ lh

4 Complete as palavras com **h**, se necessário. Se tiver dúvida, consulte o dicionário.

- ....umor
- ....eucalipto
- ....álito
- ....ouvido
- ....úmido
- ....élice
- ....alfaiate
- ....orário
- ....oriental
- ....ino
- ....arpa
- ....idade

5 Complete as palavras com **li** ou **lh**.

- (T) Brasí............a
- (A) pasti............a
- (L) pa............aço
- (B) sobrance............a
- (S) assoa............o
- (R) auxí............o
- (E) Natá............a
- (R) imobi............ária
- (A) sandá............a
- (R) agasa............o
- (I) espanta............o

a) Copie as letras dos círculos cujas palavras você completou com **li** na ordem. Se aparecer o nome do nosso planeta, você acertou!

....

b) Copie as letras dos círculos cujas palavras você completou com **lh** na ordem. Se aparecer o nome de nosso país, parabéns!

....

6 Escreva o diminutivo das palavras.

- abelha → ....
- joelho → ....
- modelo → ....
- amarela → ....
- folha → ....
- filho → ....
- coelho → ....
- vermelha → ....

As palavras terminadas em **la** ou **lo** têm **li** no diminutivo. As terminadas em **lha** ou **lho** têm **lhi** no diminutivo.

PENSAR, REVISAR, REFORÇAR

Observe a cena.

- Agora, preencha o quadro com elementos da cena, fazendo a concordância com um artigo e um adjetivo. Veja o exemplo.

Artigo	Substantivo masculino	Substantivo feminino	Adjetivo
os/uns	pães/pãezinhos	-	saborosos

UNIDADE 4
PALAVRAS EM MOVIMENTO

Entre nesta roda

- Você conhece o jogo de tabuleiro da imagem? O que sabe sobre esse jogo?

- Em sua opinião, o que sugere o gesto das crianças que estão no pódio?

- Você já participou ou tem vontade de participar de um campeonato de jogos? Compartilhe suas experiências com os colegas.

26 NUMERAL

Reveja a faixa e o placar que aparecem na abertura da Unidade e observe os numerais.

Observe a escrita por extenso desses numerais.

| IX → nono | 4º → quarto |
| 3 → três | 2 → dois |

> O grupo de palavras que indicam determinada quantidade de elementos ou expressam um número é chamado **numeral**.

Na faixa, os numerais indicam ordem. Já no placar os numerais indicam quantidade de pontos de cada time.

O numeral pode ser classificado como:

- **cardinal** – indica uma quantidade.

As melhores tiras da Mônica, de Mauricio de Sousa. São Paulo: Panini Comics, 2008.

- **ordinal** – indica ordem, posição.

As melhores tiras da Mônica, de Mauricio de Sousa. São Paulo: Panini Comics, 2008.

- **multiplicativo** – indica multiplicação de quantidades.

A casa amarela tem o **dobro** do tamanho da casa rosa.

- **fracionário** – indica a divisão de quantidades.

Hugo deu **um terço** do seu chocolate para Beto.

Algarismos		Numerais	
romanos	arábicos	cardinais	ordinais
I	1	um	primeiro
II	2	dois	segundo
III	3	três	terceiro
IV	4	quatro	quarto
V	5	cinco	quinto
VI	6	seis	sexto
VII	7	sete	sétimo
VIII	8	oito	oitavo
IX	9	nove	nono
X	10	dez	décimo

Algarismos	Numerais	
arábicos	multiplicativos	fracionários
2	dobro/duplo	meio/metade
3	triplo	terço
4	quádruplo	quarto
5	quíntuplo	quinto
6	sêxtuplo	sexto
7	sétuplo	sétimo
8	óctuplo	oitavo
9	nônuplo	nono
10	décuplo	décimo

Atividades

1 Você sabe quanto tempo se leva para a criação de um *game*? Descubra no texto abaixo e, depois, contorne os numerais citados no texto.

Como nascem os *games*

Da primeira ideia do personagem até chegar às suas mãos, o processo de criação de um novo jogo pode demorar até três anos!

Você já parou para pensar em como são criados os *videogames*? Felipe Lomeu, um dos fundadores da Pxtoy, um estúdio de desenvolvimento de *mobile games*, mostra como nasceu *Break Loose*, um jogo de ação e correria em que é preciso fugir de zumbis! "Desenvolver um novo *game* pode levar até três anos e envolve o trabalho de mais de 20 pessoas", diz.

[...]

Recreio Games. Organização: Fernanda Santos. São Paulo: Abril, 2014.

Veronica Louro/Shutterstock

a) Das palavras contornadas, qual expressa a ideia de posição em uma sequência?

....

b) Escreva o numeral que indica a quantidade de anos que a criação de um novo jogo pode demorar. ....

2 Preencha as frases com numerais.

a) Luís tem 9 anos. Seu avô tem o .... da sua idade, pois ele tem 90 anos.

b) Mara ganhou 20 reais da sua tia e gastou 5 reais. Ela gastou .... do total.

c) Em uma dezena de bananas há .... bananas.

3 Leia esta receita.

Vitamina de morango

Ingredientes:

1 e 1/2 xícara de chá de morangos limpos e picados

2 copos de leite gelado

6 cubos de gelo

Modo de preparo:

Junte todos os ingredientes no liquidificador e bata até ficar homogêneo. Coloque em duas taças e sirva.

Rendimento: 2 porções

a) Complete com numerais.

A receita está organizada em .... partes. A .... parte descreve os ingredientes, e a .... parte, o modo de preparo.

b) Copie do texto:

- os numerais cardinais: ....
- o numeral fracionário: ....

4 Leia este texto e responda às questões na página seguinte.

Pesos e medidas no Brasil

No Brasil, as unidades de medida francesas foram adotadas em 1862, quando o imperador D. Pedro II assinou a Lei n. 1.157, que decretava "substituir em todo o Império o atual sistema de pesos e medidas pelo sistema métrico francês". Em 1875, o Brasil, junto com mais 17 países, tomou parte da "Convenção do metro", que padronizava as unidades de medidas em todas as regiões que assinaram o acordo.

Ciência Hoje das Crianças. Rio de Janeiro, SBPC, ano 26, n. 249, set. 2013.

a) Em que ano foram adotadas as unidades de medida francesas no Brasil?

....

• Escreva esse numeral por extenso.

....

b) Copie do texto o numeral que indica a posição do imperador e o número da lei por ele assinada.

....

c) Com o Brasil, quantos países tomaram parte da "Convenção do metro"?

....

5 Observe os numerais que aparecem na capa de um gibi.

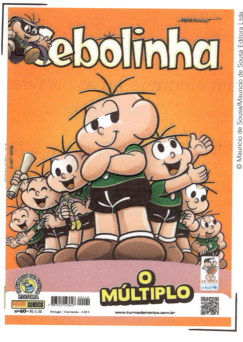

Cebolinha, n. 40. São Paulo: Panini Comics, 2018.

• Copie todos os numerais e explique o que cada um indica.

....

....

....

Ortografia — mas, mais

1 Leia o *e-mail* que Artur enviou para Raquel.

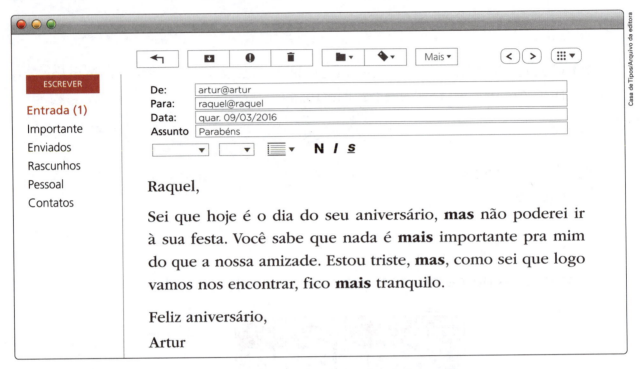

No texto do *e-mail* foram empregadas as palavras **mas** e **mais**. Observe a diferença.

mas → indica ideia contrária; tem a mesma função de **porém**, **contudo**, **entretanto**.

mais → indica quantidade, intensidade; é o contrário de **menos**.

- Agora, complete com **mas** ou **mais** as frases desta página e da seguinte.

a) Gostaria de ficar .... um pouco, ... tenho um compromisso .... tarde.

b) Quanto .... perto o jogo estava do fim, ... emocionante ele ficava.

c) A equipe A tinha mais pontos, ... a equipe B virou o jogo e venceu a partida.

d) Responda rápido: quanto é 20 .... 20?

e) Coloquei .... dois lápis no estojo, ... não precisei usá-los.

2 Reescreva as frases, substituindo **mas** por **porém**.

a) Ele ia sair, mas desistiu por causa da chuva.

....

....

b) Corri bastante, mas não cheguei a tempo.

....

....

3 Marque um **X** nas frases em que as palavras destacadas indicam quantidade.

☐ Hoje comi **mais** do que ontem.

☐ Todos venceremos, **mas** é preciso colaborar.

☐ Eu li o livro, **mas** não entendi o final.

☐ O carro novo corre **mais** que o velho.

☐ Os alunos foram para a aula, **mas** não fizeram as provas.

☐ Prefiro salada com **mais** frutas.

4 Imagine que você recebeu um bilhete de um colega de classe pedindo-lhe emprestado lápis de cor, canetinhas e tinta para a aula de Arte. Escreva um bilhete respondendo a esse colega. Use as palavras **mas** e **mais**.

27 VERBO: PESSOA, NÚMERO, TEMPO E MODO

Observe a cena.

Na cena acima, observamos pessoas realizando diferentes ações, que são expressas por **verbos**. Veja.

O casal **passeia** na praça.

A moça **lê** um livro.

A menina **compra** algodão-doce.

Os meninos **jogam** bola.

O cão **corre** atrás da bola.

As palavras que indicam ação são chamadas de **verbos**.

Além de ações, os verbos também indicam:

- **estado** ou **mudança de estado**.

  O aluno novo **está** sozinho no pátio.

  Os telespectadores **ficaram** surpresos com a notícia.

- **fenômeno da natureza**.

  Durante o verão, **chove** muito em nossa região.

Os **verbos** indicam ação, estado ou fenômenos da natureza.

A terminação dos verbos varia para indicar a pessoa (eu, tu, etc.) e o número (singular ou plural). Veja o quadro.

Pessoa	Singular	Plural
1ª pessoa (quem fala)	Eu **respeito** os animais.	Nós **respeitamos** os animais.
2ª pessoa (com quem se fala)	Tu **respeitas** os animais.	Vós **respeitais** os animais.
2ª pessoa (com quem se fala)	Você **respeita** os animais.	Vocês **respeitam** os animais.
3ª pessoa (de quem se fala)	Ele/Ela **respeita** os animais.	Eles/Elas **respeitam** os animais.

O verbo varia, ainda, para indicar o **tempo**:

- **presente** → a ação está acontecendo ou acontece sempre

  Eles **fazem** um bolo.

- **passado/pretérito** → a ação já aconteceu

  Eles **fizeram** um bolo.

- **futuro** → a ação vai acontecer

  Eles **farão** um bolo.

Os verbos variam, ainda, para indicar o **modo** como a ação, o fato ou o fenômeno ocorrem. Veja:

- **indicativo** → o fato é certo

  Hoje **almocei** com meus avós.

- **subjuntivo** → o fato é incerto, possível

  Todos esperam que eu **vença** o campeonato.

- **imperativo** → é um pedido, uma ordem ou um conselho

  Economize energia elétrica.

Atividades

1 Leia os cuidados que Ana tem para estar sempre saudável e contorne os verbos que indicam ações que ela pratica.

a) Tomo banho todos os dias, lavo e limpo as orelhas.

b) Escovo os dentes depois das refeições.

c) Pratico esportes e brinco ao ar livre.

d) Sempre como frutas e legumes.

2 Leia as frases e responda às questões.

A O menino **brincava** na praia.

B Os meninos **brincavam** na praia.

a) Quem brincava na frase A? E na frase B?

_____

b) Qual é a diferença entre o verbo da frase B e o verbo da frase A?

_____

> Os verbos podem ser flexionados em **pessoa** (1ª, 2ª ou 3ª), em **número** (singular e plural), em **tempo** (presente, passado, futuro) e em **modo** (indicativo, subjuntivo, imperativo).

3 Troque as palavras destacadas pelos pronomes pessoais **ele** ou **eles**.

a) **Marcelo** come frutas todos os dias.

_____

b) **Os dois irmãos** saíram juntos.

_____

4 Leia as frases.

> Nós **estamos** cansados de tanto correr!
>
> Eu **estou** com muito sono!
>
> Ela **está** ansiosa para sua festa de aniversário!

- Os verbos destacados indicam:

☐ ação.   ☐ estado.   ☐ mudança de estado.

5 Marque um **X** nas frases em que os verbos indicam fenômenos da natureza.

☐ Gosto de escutar o barulho da chuva.

☐ Choveu muito ao entardecer.

☐ Eu amo a natureza!

☐ Relampejou demais antes da chuva.

6 Leia e sublinhe todos os verbos dos balões.

PAI, CONSEGUI UM INGRESSO PARA O FESTIVAL! E JÁ TENHO ATÉ CARONA!

QUE BOM, FILHO! VOCÊ VOLTARÁ TARDE?

- Agora, preencha as lacunas a seguir com os verbos que você contornou.

O verbo .... está no passado, o verbo .... está no presente e o verbo .... está no futuro.

213

7 O livro **O Pequeno Príncipe** conta a história do encontro de um piloto e um menino que acabam se tornando amigos no deserto do Saara. Leia o início dessa história.

> Quando eu tinha seis anos, vi num livro sobre as aventuras na selva uma imagem impressionante. Era uma jiboia engolindo uma fera. Meditei muito e fiz, com lápis de cor, meu desenho número 1. [...]
>
> Mostrei minha obra-prima às pessoas grandes e perguntei se o meu desenho lhes dava medo. Responderam:
>
> — Por que é que um chapéu daria medo?
>
> [...]
>
> **O Pequeno Príncipe para crianças**, de Antoine de Saint-Exupéry.
> Adaptação e tradução: Geraldo Carneiro e Ana Paula Pedro.
> Rio de Janeiro: Agir, 2015.

a) Copie os verbos do texto que aparecem no 1º e no 2º parágrafo que estão no passado e se referem à 1ª pessoa do singular.

_____

_____

b) No último parágrafo há um verbo que está no futuro. Qual é ele?

_____

c) Releia o texto e faça a sua versão do desenho citado, com base nos seguintes elementos: fera, jiboia e chapéu.

8 Observe os quadros 1 e 2.

1 arrumar
Tu **arrumas** os brinquedos.
Tu **arrumaste** os brinquedos.
Tu **arrumarás** os brinquedos.

2 saber
Nós **sabemos** de tudo.
Nós **soubemos** de tudo.
Nós **saberemos** de tudo.

a) Siga os exemplos acima e complete as frases do quadro A com o verbo **entregar** e do quadro B com o verbo **fazer**.

A entregar
Tu .... a encomenda.
Tu .... a encomenda.
Tu .... a encomenda.

B fazer
Nós .... a lição.
Nós .... a lição.
Nós .... a lição.

b) Complete.

- O pronome **tu** corresponde à .... pessoa do ....

- O pronome **nós** corresponde à .... pessoa do ....

- A primeira frase de cada quadro está no tempo .... ; a segunda está no tempo .... , e a terceira está no tempo ....

9 Escreva no caderno um pequeno texto contando como você era quando bebê, como você é hoje e como acha que será no futuro.

Dica: utilize as expressões "antes eu **era**", "hoje eu **sou**", "daqui a alguns anos eu **serei**".

Ortografia -am, -ão

1 Leia esta tirinha.

Tibica: o defensor da ecologia, de Canini. São Paulo: Formato Editorial, 2010.

a) Qual verbo aparece na fala da planta? ....

b) Em que tempo está esse verbo? ....

c) Complete a fala da planta escrevendo o verbo no futuro.

E por que te ....?

d) Agora complete a informação.

Usamos a terminação verbal **-am** no tempo ....

e a terminação verbal **-ão** no tempo ....

2 Marque um **X** nos verbos que estão no futuro. Depois, faça o que se pede na página seguinte.

☐ fugiram   ☐ lerão   ☐ conversarão

☐ resolverão ☐ pintaram   ☐ decidiram

☐ brincam   ☐ votarão   ☐ aprenderam

☐ sorriram   ☐ sentirão   ☐ escreverão

a) Escreva no futuro os verbos que você não assinalou.

....

....

b) Agora, escolha quatro desses verbos e escreva uma frase com cada um deles.

....

....

....

....

3 Leia as frases, analise seu sentido e complete os verbos com **-am** ou **-ão**.

a) Na reunião de ontem, os pais ouvir.......................... os elogios dos professores.

b) No mês que vem, meus primos viajar.......................... para a Europa.

c) Na semana passada os alunos do 4º ano se organizar.......................... em grupos e realizar.......................... uma campanha pela preservação da natureza.

d) Amanhã os gêmeos Marco e Lucas completar.......................... nove anos de idade.

Na terceira pessoa do plural (eles/elas), os verbos:
- terminam em **-am** no passado. Exemplos: ouvir**am**, organizar**am**.
- terminam em **-ão** no futuro. Exemplos: viajar**ão**, substituir**ão**.

28 VERBO NO INFINITIVO: CONJUGAÇÕES VERBAIS

Leia o seguinte poema.

Memória de elefante

Extrair do elefante
o poder da memória.
Essa foi uma longa história.
O que vinha antes
nunca mais era esquecido,
já emendava no durante.
O passado não passava,
ficava pra sempre vivo.
No início, parecia uma boa,
mas, com o tempo,
se revelou uma fragilidade.
Qualquer pessoa, de qualquer idade,
sempre tem coisas
que é melhor **esquecer**.
Quem sofreu uma vez
não quer mais **sofrer**.
Lembrar pra sempre de tudo?
É melhor **viver** o momento.
O esquecimento é um escudo.

A moda genética, de Ricardo Silvestrin.
São Paulo: Ática, 2009.

Os verbos **extrair**, **esquecer**, **sofrer**, **lembrar** e **viver** não indicam o tempo em que as ações do poema foram realizadas nem quem realiza as ações.

Quando os verbos não indicam tempo nem pessoa, eles estão no **infinitivo**.

Há três conjugações para os verbos:

- **Primeira conjugação** → verbos terminados em **-ar**.
  Exemplos: lembrar, andar, falar, comprar, estudar, brincar.
- **Segunda conjugação** → verbos terminados em **-er**.
  Exemplos: esquecer, sofrer, viver, comer, querer, escrever.
- **Terceira conjugação** → verbos terminados em **-ir**.
  Exemplos: extrair, dividir, ouvir, abrir, vestir, sair.

A seguir você verá um modelo de cada **conjugação verbal** em todos os tempos do **modo indicativo**. Consulte-o sempre que precisar.

O modo indicativo expressa um fato certo, que ocorre com certeza.

Verbo falar – Primeira conjugação		
Modo indicativo		
Presente	Pretérito perfeito	Pretérito imperfeito
Eu falo	Eu falei	Eu falava
Tu falas	Tu falaste	Tu falavas
Ele/Ela fala	Ele/Ela falou	Ele/Ela falava
Nós falamos	Nós falamos	Nós falávamos
Vós falais	Vós falastes	Vós faláveis
Eles/Elas falam	Eles/Elas falaram	Eles/Elas falavam

Pretérito mais-que--perfeito	Futuro do presente	Futuro do pretérito
Eu falara	Eu falarei	Eu falaria
Tu falaras	Tu falarás	Tu falarias
Ele/Ela falara	Ele/Ela falará	Ele/Ela falaria
Nós faláramos	Nós falaremos	Nós falaríamos
Vós faláreis	Vós falareis	Vós falaríeis
Eles/Elas falaram	Eles/Elas falarão	Eles/Elas falariam

Verbo escrever – Segunda conjugação

Modo indicativo

Presente	Pretérito perfeito	Pretérito imperfeito
Eu escrevo	Eu escrevi	Eu escrevia
Tu escreves	Tu escreveste	Tu escrevias
Ele/Ela escreve	Ele/Ela escreveu	Ele/Ela escrevia
Nós escrevemos	Nós escrevemos	Nós escrevíamos
Vós escreveis	Vós escrevestes	Vós escrevíeis
Eles/Elas escrevem	Eles/Elas escreveram	Eles/Elas escreviam

Pretérito mais-que--perfeito	Futuro do presente	Futuro do pretérito
Eu escrevera	Eu escreverei	Eu escreveria
Tu escreveras	Tu escreverás	Tu escreverias
Ele/Ela escrevera	Ele/Ela escreverá	Ele/Ela escreveria
Nós escrevêramos	Nós escreveremos	Nós escreveríamos
Vós escrevêreis	Vós escrevereis	Vós escreveríeis
Eles/Elas escreveram	Eles/Elas escreverão	Eles/Elas escreveriam

Verbo dividir – Terceira conjugação

Modo indicativo

Presente	Pretérito perfeito	Pretérito imperfeito
Eu divido	Eu dividi	Eu dividia
Tu divides	Tu dividiste	Tu dividias
Ele/Ela divide	Ele/Ela dividiu	Ele/Ela dividia
Nós dividimos	Nós dividimos	Nós dividíamos
Vós dividis	Vós dividistes	Vós dividíeis
Eles/Elas dividem	Eles/Elas dividiram	Eles/Elas dividiam

Pretérito mais-que--perfeito	Futuro do presente	Futuro do pretérito
Eu dividira	Eu dividirei	Eu dividiria
Tu dividiras	Tu dividirás	Tu dividirias
Ele/Ela dividira	Ele/Ela dividirá	Ele/Ela dividiria
Nós dividíramos	Nós dividiremos	Nós dividiríamos
Vós dividíreis	Vós dividireis	Vós dividiríeis
Eles/Elas dividiram	Eles/Elas dividirão	Eles/Elas dividiriam

Atividades

1 Leia o texto.

A escolinha da Serafina

Este meu gosto, meu amor pelos diários começou cedo, quero dizer, desde que aprendi a ler e a escrever e passei para a segunda série com ótimas notas. O presente que ganhei da professora? Um diário com cadeado, que ainda tenho guardado numa caixa forrada com papel de seda.

Esse foi o primeiro de muitos, pois sempre estão acontecendo coisas importantes na minha vida. E, toda vez que acontece uma importantíssima, preciso começar um diário novo, mesmo que as páginas do outro ainda não tenham acabado. Bem, mas eu não desperdiço papel, não. Volto depois, em outra hora, pulo umas duas páginas, dobro as pontas da outra para dentro e escrevo, por exemplo, "Diário das férias no Ribeirão Fundo", que é o sítio dos meus avós.

[...]

A escolinha da Serafina, de Cristina Porto. São Paulo: Ática, 2006.

a) O relato de Serafina refere-se a acontecimentos do:

☐ presente. ☐ passado. ☐ futuro.

b) Na frase "Bem, mas eu não **desperdiço** papel, não", o verbo destacado refere-se a um acontecimento do:

☐ presente. ☐ passado. ☐ futuro.

c) Reescreva a frase do item **b** usando o verbo **desperdiçar** na 1ª pessoa do singular do futuro do presente.

2 Observe alguns verbos do texto **A escolinha da Serafina**.

começou	aprendi	passei	acontece
preciso	desperdiço	ganhei	escrevo

a) Copie, na forma do infinitivo, esses e outros verbos do texto.

Primeira conjugação (-ar)	Segunda conjugação (-er)	Terceira conjugação (-ir)

b) Qual coluna ficou vazia? Por quê? Complete-a com exemplos de verbos dessa conjugação.

....

....

3 Marque um **X** nas frases em que o verbo está no **infinitivo**.

☐ Nós caminhamos no calçadão ontem.

☐ É muito bom caminhar ao ar livre!

☐ Amanhã caminharemos na praia.

☐ Caminhar faz bem para a saúde.

☐ O médico nos recomendou caminhar todos os dias.

4 Reescreva as frases passando os verbos do presente para o tempo solicitado.

a) Minha mãe e eu fazemos bolo de chocolate. (pretérito imperfeito)

....

b) Eles ouvem a palestra até o fim. (futuro do presente)

....

c) Júlio joga basquete. (pretérito perfeito)

....

d) Ela canta muito bem. (futuro do pretérito)

....

5 Leia este texto e escreva em que tempo estão os verbos destacados.

> **Preste atenção na aula!**
>
> De forma geral, todas as disciplinas que você **estuda** no ensino básico **ajudam** a formar um banco de conhecimentos dentro do seu cérebro que **será** útil em várias situações. A cultura nem sempre **tem** uma utilidade direta, objetiva, mas, quanto mais conhecimento você tiver, em diversas áreas, mais condições **terá** de **escolher** bem a sua carreira, pois **saberá** do que **gosta** e do que não gosta de fazer.
>
> **Escolha profissional**, de Mauricio de Sousa e Antonio Carlos Vilela. São Paulo: Melhoramentos, 2011. (Turma da Mônica Jovem.)

- estuda: ....
- terá: ....
- ajudam: ....
- escolher: ....
- será: ....
- saberá: ....
- tem: ....
- gosta: ....

DE OLHO NO DICIONÁRIO

1 Releia este trecho do texto **A escolinha da Serafina**.

> "Bem, mas eu não **desperdiço** papel, não."

- No dicionário não encontramos os verbos flexionados, mas sim no infinitivo, sem indicar tempo, modo, número ou pessoa. Veja como encontramos o verbo destacado no trecho que você leu.

(des.per.di.çar)

v.

1. Gastar descomedidamente ou sem proveito; DESAPROVEITAR; ESBANJAR; ESPERDIÇAR: _desperdiçar_ papel/energia

Dicionário Aulete digital. Disponível em: <http://www.aulete.com.br/desperdiçar>. Acesso em: 25 mar. 2020.

---

a) Logo após o verbete há uma abreviatura: **v**. O que ela significa?

_____

_____

b) A qual conjugação pertence esse verbo? Por quê?

_____

_____

2 Preencha o quadro com as informações pedidas sobre os verbos.

Verbo	Forma encontrada no dicionário	Conjugação
parecem		
lembram		

Ortografia: -ar, -izar

1 Leia.

GOSTARIA DE **AVISAR** QUE AMANHÃ CHEGAREI MAIS CEDO PARA **FINALIZAR** A PESQUISA.

Observe as palavras primitivas de dois verbos do texto:

aviso → **avis**ar   **final** → **final**izar

> Quando a palavra primitiva tem **s** na última sílaba, usa-se a terminação **-ar** para formar verbo: **aviso** → avis**ar**.
>
> Quando a palavra primitiva não tem **s** na última sílaba, usa-se a terminação **-izar** para formar verbo: **final** → final**izar**.

2 Com estes substantivos, forme verbos terminados em **-ar** ou **-izar**.

- pesquisa: ....
- profeta: ....
- piso: ....
- paralisia: ....
- análise: ....
- revisão: ....
- harmonia: ....
- improviso: ....

3 Agora, forme verbos terminados em **-ar** ou **-izar** com estes adjetivos.

- civil: ....
- atual: ....
- legal: ....
- moderno: ....
- útil: ....
- liso: ....

29 VERBO PÔR

Você já aprendeu que o verbo é flexionado para indicar o tempo em que um fato acontece.

Leia os balões e observe os verbos destacados.

- Qual desses verbos está escrito na forma como pode ser encontrado no dicionário?

Saiba mais

O verbo **pôr** pertence à segunda conjugação, porque em português antigo sua forma era **poer**. Com o passar do tempo, a vogal **e** desapareceu do infinitivo, mas permaneceu em algumas formas conjugadas, como **põe**, **pões** e **põem**.

Esse verbo é chamado de irregular, pois não segue nenhum modelo de conjugação. Ele sofre muitas alterações nas suas formas quando é conjugado.

O verbo **pôr** deu origem a vários verbos. Veja alguns.

| compor | repor | impor | expor |
| supor | propor | sobrepor | transpor |

Todos os verbos derivados de **pôr** se conjugam como ele.

Observe a conjugação do verbo **pôr** no modo indicativo.

Verbo pôr – Segunda conjugação		
Modo indicativo		
Presente	Pretérito perfeito	Pretérito imperfeito
Eu ponho	Eu pus	Eu punha
Tu pões	Tu puseste	Tu punhas
Ele/Ela põe	Ele/Ela pôs	Ele/Ela punha
Nós pomos	Nós pusemos	Nós púnhamos
Vós pondes	Vós pusestes	Vós púnheis
Eles/Elas põem	Eles/Elas puseram	Eles/Elas punham

Pretérito mais-que-perfeito	Futuro do presente	Futuro do pretérito
Eu pusera	Eu porei	Eu poria
Tu puseras	Tu porás	Tu porias
Ele/Ela pusera	Ele/Ela porá	Ele/Ela poria
Nós puséramos	Nós poremos	Nós poríamos
Vós puséreis	Vós poreis	Vós poríeis
Eles/Elas puseram	Eles/Elas porão	Eles/Elas poriam

Atividades

1 Complete as frases com o verbo **pôr** no tempo indicado.

a) Todos os dias eu .... água para o meu cão. (presente)

b) Ela .... a roupa para lavar. (futuro do presente)

c) Não consigo .... as coisas no lugar! (infinitivo)

d) Vocês .... todo o material na mochila? (pretérito perfeito)

2 Complete o texto com o verbo **pôr** conjugado no tempo presente.

Eu perguntei à professora se o pato .... ovo. Ela me respondeu que as patas é que .... ovos.

3 Leia o diálogo.

- Agora, reescreva as falas substituindo os verbos **colocou** e **colocarei** pelo verbo **pôr**.

....

....

4 Observe as cenas e complete as frases usando adequadamente o verbo **pôr**.

| Ontem, a galinha .... alguns ovos. | Hoje, a galinha .... ovos. | Amanhã, a galinha .... ovos. |

5 Leia as frases, observe os verbos destacados e marque um **X** no quadrinho correto.

a) A menina **põe** a tiara no cabelo.

b) Mamãe **pôs** a roupa no varal.

c) Nós **pusemos** os anéis nos dedos.

d) Não **ponho** açúcar no leite.

e) As tartarugas **puseram** ovos na areia.

f) **Pus** um blusão assim que esfriou.

g) Tu **porias** este livro na tua bolsa?

	Pessoa			Número	
	1ª	2ª	3ª	Singular	Plural
a)					
b)					
c)					
d)					
e)					
f)					
g)					

Ortografia — por que, porque

Leia a piada com os colegas.

Sempre atrasado

O aluno entra atrasado pelo portão da escola. O porteiro pergunta:

— **Por que** você está atrasado?

— **Porque** eu segui o que a placa diz.

— Que placa?

— A placa que diz: "Escola. Devagar".

Meu primeiro livro de piadas, de Ângela Finzetto. Blumenau: Todolivro, 2012.

Observe que a pronúncia das palavras destacadas é igual, mas a escrita e o significado são diferentes. Veja:

- **por que** (separado) → é usado quando se faz uma pergunta; equivale a "por que razão", "por que motivo".

- **porque** (junto) → é usado quando se responde a uma pergunta ou quando se dá uma explicação.

1 Complete as frases com **por que** ou **porque**.

a) .... você está sempre com sono?

b) As meninas gritaram .... se assustaram.

c) Estou suado .... corri muito.

d) .... eu estou sorrindo? Ora, ... estou feliz!

e) .... não podemos ir à praia?

f) Eles estão cansados .... trabalharam o dia todo.

2 Escreva uma pergunta e uma resposta para as frases a seguir. Veja o exemplo ao lado.

> Lívia está feliz **porque** ganhou um cãozinho.
>
> **Por que** Lívia está feliz?
>
> **Porque** ganhou um cãozinho.

a) Os alunos estudam porque querem aprender.

....

....

b) Meu pai saiu cedo de casa porque não quer chegar atrasado no trabalho.

....

....

c) Artur foi à biblioteca porque precisava fazer uma pesquisa.

....

....

3 Imagine que um repórter vá fazer uma pergunta a um jogador que acabou de fazer um gol decisivo para a vitória do seu time no minuto final do jogo. Escreva a pergunta do repórter e também a resposta do jogador. Use adequadamente **por que** e **porque**.

....

....

....

231

30 SUJEITO E PREDICADO

Leia a frase.

> A girafa dorme somente duas horas por dia.

 • Qual é o verbo dessa frase?

A frase acima constitui uma **oração**.

> **Oração** é uma frase que se organiza em torno de um verbo.

Observe.

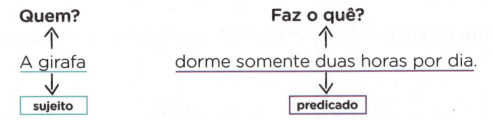

Quem?	Faz o quê?
A girafa	dorme somente duas horas por dia.
sujeito	predicado

A oração apresenta dois elementos principais: o **sujeito** e o **predicado**.

> **Sujeito** é quem realiza a ação da oração.
> **Predicado** é tudo aquilo que se informa do sujeito da oração.

Veja mais estes exemplos:

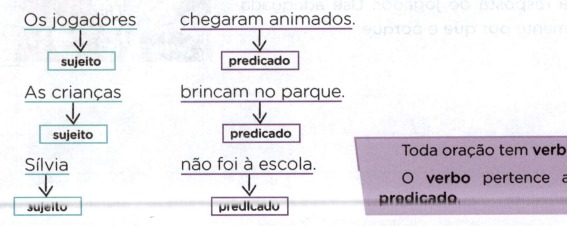

Os jogadores [sujeito] chegaram animados. [predicado]

As crianças [sujeito] brincam no parque. [predicado]

Sílvia [sujeito] não foi à escola. [predicado]

> Toda oração tem **verbo**.
> O **verbo** pertence ao predicado.

Atividades

1 Leia os quadrinhos.

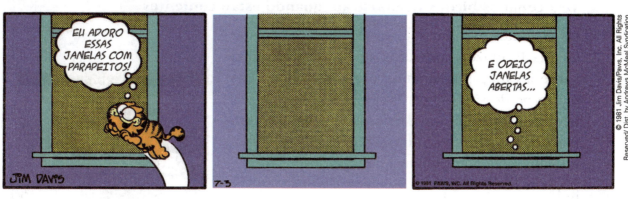

Garfield sem apetite, de Jim Davis. Tradução: Alexandre Boide. Porto Alegre: L&PM, 2014.

- Agora complete o quadro.

Oração	Sujeito	Predicado
"Eu adoro essas janelas com parapeitos!"		
"E odeio janelas abertas..."		

2 Escreva o sujeito e o predicado de cada oração.

a) Eu brinquei bastante nas férias.

Sujeito .... Predicado ....

b) Mônica e Ari moram no Pará.

Sujeito .... Predicado ....

c) Eles viajaram para São Paulo.

Sujeito .... Predicado ....

3 Leia o texto e responda às questões.

Alegria animal

Veja como os bichos demonstram quando estão contentes

Os elefantes têm um jeito especial de manifestar alegria. Produzem sons altos, suspendem a tromba sobre a cabeça, abanam as orelhas e dão voltas em torno de si mesmos. Essa farra acontece, por exemplo, quando uma manada encontra outra manada amiga. Esses animais têm ótima memória, adoram reencontrar velhos conhecidos.

[...]

Recreio. São Paulo, Abril, n. 335. 10 ago. 2006.

a) Quem tem um jeito especial de manifestar alegria? ....

b) Quem produz sons altos? ....

c) Quem suspende a tromba sobre a cabeça? ....

d) Quem abana as orelhas? ....

e) Quem dá voltas em torno de si mesmos? ....

- Você respondeu às perguntas acima com um:

  ☐ sujeito. ☐ predicado.

4 Escreva predicados para os sujeitos das orações.

a) A atriz ....

b) Meu vizinho ....

c) Frutas e verduras ....

d) O time ....

Não existe oração sem verbo.

5 Leia o texto.

Júlia apertou o botão do computador.

O computador iniciou com um *click* sonoro.

A tela se abriu iluminando tudo.

Uma queda de luz desligou o computador.

a) Copie os verbos do texto.

....

....

b) Agora, complete o quadro com informações do texto.

Sujeito	Predicado
Quem?	**Fez o quê?**
Júlia	
	iniciou com um *click* sonoro.
A tela	
	desligou o computador.

Ortografia: onde, aonde

Leia o diálogo e observe as palavras destacadas.

A palavra **onde** sugere "em que lugar".

Onde indica o lugar em que alguém está ou em que algum fato aconteceu.

Agora, leia este outro diálogo.

Aonde sugere "para que lugar".

Aonde indica ideia de movimento, de direção.

1 Copie as frases, substituindo as palavras destacadas **por onde** ou **aonde**.

a) **Para que lugar** você precisa ir agora?

b) **Em que lugar** devo guardar esses brinquedos?

c) Você sabe **em que lugar** fica o banheiro?

2 Complete as frases com **onde** ou **aonde**, conforme é sugerido entre parênteses.

a) A cidade .... nasci progrediu muito. (em que...)

b) .... você foi ontem depois da aula? (foi a...)

c) A loja .... comprei estes tênis fechou. (comprei em...)

d) .... você viu o novo computador? (viu em...)

e) Leve esta encomenda .... eu pedi, por favor. (leve para...)

f) Não sei .... você quer chegar correndo assim! (chegar a...)

3 Marque um **X** na coluna da palavra que completa corretamente cada frase.

Frase	Onde	Aonde
Menino, ✪ você foi?		
Diga-me ✪ posso pegar o ônibus, por favor.		
Pergunte ✪ ele mora.		
✪ você pensa que vai?		
Não sei mais ✪ ir.		
✪ você está hospedado?		
✪ devo me dirigir para obter mais informações?		
Alô, Carlinhos? ✪ você está?		
Eu irei à casa dos meus primos nas férias. E você, ✪ irá?		

31 ADVÉRBIO

Leia estes quadrinhos.

VOU ME ESCONDER AQUI!

É MELHOR BRINCAR LÁ FORA.

Observe.

Vou me esconder aqui.
→ verbo
→ (onde?) lugar

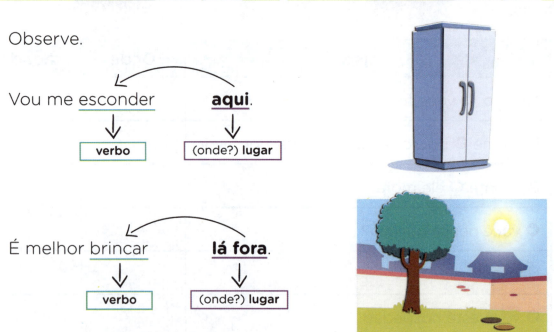

É melhor brincar lá fora.
→ verbo
→ (onde?) lugar

As palavras **aqui** e **lá** indicam lugar. Elas são chamadas de **advérbios**.

Advérbio é a palavra que modifica o sentido do verbo, do adjetivo ou de outro advérbio, dando ideia de lugar, tempo, modo, etc. O advérbio é invariável, ou seja, não apresenta flexão de gênero (masculino e feminino) nem de número (singular e plural).

Veja exemplos em que o advérbio está modificando o **adjetivo** ou outro **advérbio**. Observe.

Babi é uma cachorrinha **muito** **meiga**.
- muito → advérbio de intensidade
- meiga → adjetivo

O jabuti anda **muito** **devagar**.
- muito → advérbio de intensidade
- devagar → advérbio de modo

Conheça alguns advérbios e as circunstâncias que eles indicam.

Advérbios	
de lugar (onde?)	aqui, ali, lá, aí, atrás, perto, longe, acima, abaixo, dentro, fora, adiante
de tempo (quando?)	já, agora, hoje, ontem, amanhã, depois, logo, sempre, cedo, tarde, jamais, nunca, diariamente, atualmente, antigamente
de modo (como?)	depressa, devagar, assim, bem, mal, pior; a maior parte dos advérbios terminados em **-mente**: alegremente, rapidamente, etc.
de afirmação	sim, certamente, realmente
de negação	não, tampouco
de dúvida	talvez, acaso, provavelmente, possivelmente
de intensidade	muito, pouco, bastante, mais, menos, meio, tão, tanto, quase, demais, só, somente, apenas

Podemos usar também conjuntos de palavras que têm função de advérbio. São as **locuções adverbiais**. Veja:

Joana saiu **com pressa**. → Joana saiu **apressadamente**.
- com pressa → locução adverbial
- apressadamente → advérbio

Atividades

1 Qual é a palavra intrusa? Contorne-a em cada grupo.

1	amanhã	fora	atrás	caminho	longe
2	viajar	dentro	demais	talvez	não
3	sempre	feliz	alegremente	quase	depois

a) Por que as palavras que você contornou são intrusas?

....

....

b) Qual é a classe gramatical das palavras que você contornou?

....

....

2 Observe a capa dos livros e copie os advérbios, classificando-os.

3 Complete as frases com um advérbio do tipo indicado nos parênteses.

a) Pedro chegou do trabalho .... (de tempo)

b) Meus primos viajaram .... para a praia. Eles estavam .... animados. (de tempo/de intensidade)

c) A moeda caiu .... do sofá. (de lugar)

4 Classifique as palavras sublinhadas. Veja o exemplo.

Este é o caminho **mais** **curto** até a estação.

mais: advérbio de intensidade

curto: adjetivo

a) Seu vestido é <u>muito</u> <u>bonito</u>!

b) Ele <u>respondeu</u> à pergunta <u>calmamente</u>.

c) A praia estava <u>meio</u> <u>vazia</u> no fim de semana.

d) <u>Amanhã</u> <u>levantaremos</u> <u>mais</u> <u>cedo</u> para viajar.

e) <u>Fiquem</u> <u>aqui</u>. Eu <u>já</u> <u>volto</u>.

5 Reescreva as frases, substituindo as locuções adverbiais destacadas por advérbios de modo. **Dica:** use advérbios de modo terminados em **-mente**.

a) Os avós tratavam os netos **com carinho**.

....

b) O médico atendeu-nos **com paciência**.

....

c) O motorista tratou o pedestre **com respeito**.

....

d) A mãe beijou o bebê **com delicadeza**.

....

6 Usando um ou mais advérbios do quadro, escreva uma frase no balão para representar a fala do menino.

| bastante | pouco | muito | mais |

7 Complete as frases com um dos advérbios de modo do quadro.

| mal | devagar | bem | detalhadamente |

a) A professora explicou .... toda a matéria.

b) Júlio andava .... pelas ruas encantado com tanta beleza.

c) Ontem, Raul se sentiu ...., mas hoje ele já está ....

8 Leia os quadrinhos.

Cascão, de Mauricio de Sousa. nº 57. Barueri: Panini Comics, 2020.

a) No primeiro quadrinho, que advérbio de tempo indica o momento em que o longa-metragem vai começar? ....

b) No terceiro quadrinho, por que Cascão diz que não deu tempo para assistir ao filme em uma tirinha?

....

• Na sua opinião, que advérbio de modo as palavras **muito rápido** expressam? Assinale com um **X**.

☐ vagarosamente ☐ calmamente

☐ rapidamente ☐ tranquilamente

Ortografia — mal, mau

Leia os balões e observe as palavras destacadas.

A palavra **mal** é um advérbio, e seu antônimo é **bem**.
A palavra **mau** é um adjetivo, e seu antônimo é **bom**.

1 Reescreva as frases, substituindo ✪ por **mau** ou **mal**. **Dica:** observe a palavra destacada. Se ela for substantivo, use **mau**. Se for verbo ou adjetivo, use **mal**.

a) Esse rapaz vive de ✪ **humor**.

b) Se você comer muito rápido, pode **passar** ✪.

c) Ninguém mais aguentava aquele ✪ **cheiro** de esgoto.

d) O vento frio me **fez** ✪.

2 Complete as frases com o antônimo da palavra destacada.

a) Flávio só faz o **bem**, não faz .... a ninguém.

b) Às vezes a classe se comporta ...., mas geralmente se comporta **bem**.

c) No ano passado, eu era um .... aluno, mas neste ano estou sendo um **bom** aluno.

d) É preciso distinguir um **bom** conselho de um .... conselho.

e) Julinho não está **bem** informado: ele acha que comer manga e tomar leite faz ....

3 Marque um **X** nas frases em que a palavra **mal** foi empregada incorretamente.

☐ Você se comportou muito mal na festa.

☐ Eu não sou mal aluno, só tirei nota baixa em algumas matérias.

☐ Sentiu-se mal e foi para casa mais cedo.

☐ Os meteorologistas preveem mal tempo para amanhã.

4 Reescreva as frases substituindo **bem** por **mal**.

a) Ficamos de bem outra vez!

....

b) Senti um ligeiro bem-estar ao subir no palco.

....

c) Mamãe está sempre de bem com a vida.

....

32 PREPOSIÇÃO

Observe as palavras destacadas.

PRONTO! ACABEI **DE** ARRUMAR MINHA MALA **PARA** AS FÉRIAS.

As palavras destacadas são **preposições**.

A **preposição** é um termo invariável que liga palavras, estabelecendo uma relação de sentido entre elas.

Observe o uso de algumas preposições:

brincadeira **de** criança	história **sobre** duendes
conversa **entre** adultos	remédio **para** dor **de** cabeça
telefone **sem** fio	dia **a** dia

Conheça algumas preposições.

a	após	com	de	em	para	sem	sobre
ante	até	contra	desde	entre	por	sob	trás

A preposição **de** tem diferentes sentidos. Veja as ideias que ela pode estabelecer entre as palavras:

máquina **de** lavar → ideia de **finalidade** (máquina para lavar)
gritar **de** dor → ideia de **causa** (gritar por causa da dor)
prato **de** sopa → ideia de **conteúdo** (prato com sopa dentro)
chinelo **de** borracha → ideia de **matéria** (chinelo feito de borracha)

Cuidado para não confundir a preposição **a** com o artigo **a**. Veja a diferença.

Marcos chutou **a** bola ⟶ **a** é artigo porque acompanha o substantivo **bola**.

Marcos começou **a** jogar ⟶ **jogar** é verbo (por isso não vem acompanhado de artigo); **a** é preposição que está ligando dois verbos.

As preposições podem juntar-se a artigos. Observe.

A casinha **do** cachorro é marrom.

de (preposição) + **o** (artigo) ⟶ **do**

A mãe **das** gêmeas contratou uma babá.

de (preposição) + **as** (artigo) ⟶ **das**

As crianças plantaram sementes **nos** canteiros.

em (preposição) + **os** (artigo) ⟶ **nos**

Os alunos brincam na quadra.

em (preposição) + **a** (artigo) ⟶ **na**

Atividades

1 Contorne as preposições das frases.

a) Esta planta está sem água.

b) Coloquei os livros sobre a mesa.

c) Vamos de ônibus para a cidade vizinha.

d) A garotinha aprendeu a nadar com três anos.

e) Posso ficar aqui com vocês?

f) Juliana começou a pular de alegria quando cheguei.

2 Observe as palavras destacadas e faça como no exemplo.

a) Preciso ir **ao** correio.

ao: *a (preposição) + o (artigo)*

b) Mariana dormiu **na** casa **da** amiga.

na: ....

da: ....

c) O funcionário **do** banco entregou-me o recibo.

do: ....

d) Há muitos animais exóticos **nos** zoológicos brasileiros.

nos: ....

3 Escreva preposições para ligar as palavras.

- aquecimento .... gás
- papo .... o ar
- buraco .... saída
- sala .... jantar

4 Identifique se a palavra **a** destacada nas frases é artigo ou preposição.

a) Dorinha adora andar **a** cavalo. ....

b) Jorge convidou **a** amiga para ver **a** exposição de fotos.

....

c) Angélica vai **a** pé para **a** escola. ....

d) Pegue **a** caixa e comece **a** guardar os brinquedos.

....

> Quando o **a** aparece antes de palavra masculina ou verbo, ele é preposição.

5 Complete as frases com as preposições do quadro.

| desde | com | até | em | na | da | contra | por |

a) O time Azul jogou .... o time Amarelo.

b) Não nos vemos .... o ano passado.

c) Marina saiu .... titia. Eu fiquei .... casa.

d) Comprei este casaco .... um preço razoável.

e) Ficarei .... casa .... vovó .... domingo.

6 Numere as expressões de acordo com o sentido da preposição **de**.

| 1 | matéria | 2 | finalidade | 3 | causa | 4 | conteúdo |

☐ copo de suco   ☐ bola de plástico

☐ brinco de ouro   ☐ morrer de sede

☐ papel de pão   ☐ pote de sorvete

7 Leia e observe o que acontece neste diálogo.

- Agora, veja os verbetes a seguir.

> **sob** (sob) prep.
> Debaixo de (O gatinho se escondeu sob a mesa). [...]
>
> **sobre** (so.bre) (ô) prep.
> **1.** Na parte superior de (Sissi, quando viu a barata, encolheu os pés sobre o sofá.);
> **2.** A respeito de (As amigas conversam sobre vários assuntos.).
>
> **Saraiva Júnior: dicionário da língua portuguesa**. São Paulo: Saraiva, 2011. p. 386.

a) Qual é a classe gramatical das palavras **sob** e **sobre**?

....

b) Por que o menino não encontrou a surpresa?

....

8 Observe as figuras e complete as frases com **sob** ou **sobre**.

O pinguim está ....   O leão está descansando

a geladeira.   .... a árvore.

Ortografia — pôr, por

1 Leia as frases e observe.

Lúcia vai **pôr** as frutas na cesta.
↓
verbo

As crianças sempre brincam **por** aqui.
↓
preposição

- Complete a informação.

    O verbo .... (com acento) tem o sentido de "colocar".

    A palavra **por** (sem acento) é uma ....

2 Complete as frases com **por** ou **pôr**.

a) A pesquisa sobre doenças foi feita .... uma equipe.

b) Preciso .... meu caderno em dia.

c) Vamos .... este caminho, pois preciso .... a carta no correio.

d) O Carnaval chegou! Vou .... minha fantasia e dançar.

e) Posso .... estes livros de volta na estante?

f) O doente ficou internado .... três dias no hospital.

3 Escreva no caderno uma frase com o verbo **pôr** e uma com a preposição **por**.

33 INTERJEIÇÃO

Leia este poema.

Em Amami,	Nasceram	Nove filhinhos,
A coelhinha	Dois filhinhos.	Dez filhinhos.
Casou com	Três filhinhos,	
O coelhinho.	Quatro filhinhos,	Ufa! Desse jeito, lá na ilha,
A parti daí,	Cinco filhinhos,	Vai ter mais coelhinho
Nasceu	Seis filhinhos,	Do que peixinho!
Um filhinho.	Sete filhinhos,	
Depois,	Oito filhinhos,	

Japonesinhos, de Lalau e Laurabeatrtriz. São Paulo: Peirópolis, 2008.

A palavra **Ufa!** expressa sentimento de alívio. Ela é uma **interjeição**.

Interjeições são palavras ou expressões que demonstram sentimentos, emoções e sensações, como alegria, susto, dor e medo.

Veja a seguir algumas interjeições.

Interjeições	O que expressam
Oba!, Eba!, Upa!, Legal!, Ah!, Uau!	satisfação, alegria
Parabéns!, Bravo!, Viva!, Muito bem!	estímulo, aplauso, apoio
Oh!, Opa!, Epa!, Ué!, Ah!	susto, surpresa
Ai!, Ui!	dor
Ufa!	alívio
Oi!, Olá!, Alô!, Salve!	saudação
Droga!, Xiii!, Nossa!, Credo!	insatisfação, desagrado
Psiu!, Silêncio!	silêncio
Socorro!	medo
Tomara!, Oxalá!	desejo
Tchau!, Adeus!	despedida

Atividades

1 A mesma interjeição pode expressar diferentes sensações ou sentimentos. Escreva o que a interjeição destacada expressa em cada situação. Consulte o quadro.

| dor | surpresa | desejo |

a) **Ah!** Que bom que você chegou!

....

b) **Ah!** Como dói esse dente!

....

c) **Ah!** Quem me dera viajar para o exterior nas férias!

....

2 Contorne as interjeições e escreva o que elas expressam nas frases.

a) Puxa! Encontrei o carrinho que tinha perdido!

....

b) Ah! Que espetáculo maravilhoso!

....

c) Ai! Torci o pé no degrau!

....

d) Uau! Que carrão!

....

e) Muito bem! Você acertou todas as questões da prova!

....

f) Ufa! Ainda bem que cheguei a tempo.

....

NO DIA A DIA

1 Como você viu, utilizamos frequentemente interjeições em nosso dia a dia para nos expressar. Complete os balões de fala a seguir com interjeições.

2 Escreva uma frase usando cada uma das interjeições a seguir.

a) Ué!

....

....

b) Tomara!

....

....

c) Xiii!

....

....

3 Pesquise, em revistas ou jornais, textos ou cenas que tenham interjeições. Depois, explique o que elas expressam.

....

....

....

....

....

....

....

....

....

Ortografia: há, a

Leia o texto e observe a palavra destacada.

> **Há** muito tempo, quando ainda não existiam os livros impressos nem os manuscritos, e poucas pessoas sabiam ler e escrever, as histórias eram transmitidas oralmente.

- Agora, leia os balões e observe as palavras destacadas.

DAQUI A UMA HORA COMEÇA A HISTÓRIA!

MAS VOCÊ NÃO DISSE QUE ERA DAQUI **A** POUCO?

Há muito tempo → indica tempo decorrido

Daqui **a** uma hora | Daqui **a** pouco → indicam tempo que ainda vai decorrer

Para indicar tempo passado, usamos **há**, que tem o mesmo sentido de **faz** ou **existe**. Nos outros casos, usamos **a**.

1 Reescreva as frases substituindo **há** por **faz** ou **existe**. Faça as adaptações necessárias.

a) Há uma casa abandonada no final da rua.

....

b) Há um ano viajei para a Europa.

....

c) Você sabe se há papelaria neste bairro?

....

d) Seus livros chegaram há algumas horas.

....

2 Complete as frases empregando corretamente **há** ou **a**.

a) .... alguns meses mudei de residência, e daqui .... algum tempo mudarei de novo.

b) Fui matriculado nessa escola .... oito meses.

c) Chegamos de viagem .... vinte dias. Daqui .... alguns dias viajaremos para o sul do país.

3 Complete as frases com **há** ou **a** e faça a concordância com os pronomes do quadro.

Eu	Tu	Ela	Ele	Nós

a) .... limpamos o quarto .... cinco dias.

b) .... adotou um cãozinho .... uma semana.

c) .... aprendeste a jogar xadrez .... muito tempo?

d) .... comprarei o livro daqui .... dez minutos.

e) .... terminará o curso de inglês daqui .... um ano.

EXPLORANDO O TEMA...

Como vivem os povos indígenas

Você sabia que existem povos indígenas em quase todos os estados do nosso país? Hoje em dia, há mais de 250 povos no Brasil.

Leia o texto a seguir para conhecer um pouco mais como os povos indígenas aprendem.

Tem escola na aldeia?

Sim, muitas aldeias têm escola! Como se sabe, a maioria das aldeias fica dentro de Terras Indígenas, assim cada Terra pode ter uma ou mais escolas. Isso vai depender de seu tamanho e da situação de cada comunidade.

As escolas indígenas, assim como aquelas dos **não índios**, também são um espaço de aprendizado das crianças. Muitas vezes o conteúdo que é ensinado ali pelos professores é bem diferente daquele que é transmitido pelos parentes na aldeia. É claro que estes conteúdos podem se misturar em alguns momentos, mas a escola tem como foco ensinar a escrever, ler, fazer conta, entre outros conhecimentos importantes para o diálogo com o mundo dos não índios, já os parentes ensinam as formas de se organizar da comunidade, como produzir artefatos e tudo aquilo que é importante para se viver bem naquele grupo.

[...]

A escola indígena, além de abordar muitos conteúdos que os não índios aprendem, como ensinar a fazer conta, a ler e a escrever na língua indígena, também passou a incluir os conhecimentos locais na sala de aula. Os alunos aprendem, por exemplo, como usar os recursos naturais e cuidar do ambiente e do território onde vivem, aprendem sobre a história de seus antepassados, seus mitos etc. Além disso, seu calendário escolar é diferente, pois respeita as festas e rituais locais.

[...]

Povos indígenas no Brasil mirim. **Jeitos de aprender**. Disponível em: <https://mirim.org/como-vivem/aprender>. Acesso em: 10 nov. 2019.

não índios: pessoas que os indígenas não veem como semelhantes a eles, por conta da história ou da cultura diferente.

Refletindo sobre o tema

1 De acordo com o texto, a escola indígena ensina também os conhecimentos locais dos indígenas.

- Na sua opinião, por que isso é importante?

2 Releia este trecho do texto.

[...] Como se sabe, a maioria das aldeias fica dentro de Terras Indígenas, assim cada Terra pode ter uma ou mais escolas. Isso vai depender de seu tamanho e da situação de cada comunidade.

a) Contorne o numeral que aparece nesse trecho.

- Ele é um numeral:

☐ ordinal.   ☐ cardinal.   ☐ multiplicativo.

b) Sublinhe a palavra **mais**, usada nesse trecho. Que ideia essa palavra transmite?

....

Ampliando e mobilizando ideias

3 Brincar também é uma forma de aprender. Muitas brincadeiras, além de divertir, desenvolvem habilidades importantes para a vida, como atenção e colaboração.

- Em grupos, vocês vão pesquisar brincadeiras indígenas.
- Cada grupo deve escolher uma brincadeira indígena e preparar uma apresentação para compartilhar as descobertas com a turma, com fotos, vídeos ou até demonstrações da brincadeira.
- Mostrem aos colegas o que essa brincadeira pode ensinar para quem brincar com ela.

PENSAR, REVISAR, REFORÇAR

1 Observe este panfleto.

- Que numerais poderiam fazer parte desse panfleto? Converse com um colega e depois escreva a conclusão a que chegaram.

....

....

2 Escreva o nome de cada produto do panfleto da página anterior usando as preposições **de**, **para** ou **com**. Veja o exemplo.

pacote de biscoito, ...

....

....

....

3 Escreva frases comparando os produtos a seguir. Utilize as palavras do quadro abaixo.

porque	mas	por que	mais

SUGESTÕES PARA O ALUNO

Livros

A palavra mágica, de Moacyr Scliar, Moderna.

Este livro mostra que as palavras são senhas para mergulharmos dentro de nós mesmos e nos relacionarmos com os outros. Por isso, cada um precisa descobrir sua palavra mágica! Você já descobriu a sua?

Atrás da porta, de Ruth Rocha, Salamandra.

E se você encontrasse uma passagem secreta para um mundo cheio de novidades? Veja, neste livro, o que pode estar "atrás da porta" e surpreenda-se com descobertas incríveis.

Site

GREENVIRTA-SE! No dia das crianças, faça brinquedos com material reciclável e esteja junto de verdade!

Disponível em: <https://storage.googleapis.com/planet4-brasil-stateless/2018/10/59189d25-dia-das-crian%C3%A7as-brinquedos-com-reciclagem.pdf>. Acesso em: 23 abr. 2020.

Você vai aprender a fazer brinquedos sustentáveis, que dão um novo destino a materiais que seriam descartados e são diversão garantida!

Livros

Circo de palavras, de Millôr Fernandes, Ática.

Este livro é bem variado: traz fábulas, poesias, fala da convivência humana, da mudança de costumes e da criação artística. O melhor de tudo é que os textos são curtos e simples, facilitando o aprendizado e aumentando a diversão.

Papo de sapato, de Pedro Bandeira, Melhoramentos.

Este livro mostra a história de dois pares de sapatos que... conversam! Moradores de um lixão da cidade, os sapatos dão uma lição de cidadania para aqueles que prestam atenção no que eles contam.

Site

Dinossauro. Britannica Escola.

Disponível em: <https://escola.britannica.com.br/artigo/dinossauro/481150>. Acesso em: 23 abr. 2020.

Conheça a história dos dinossauros e saiba mais sobre alguns tipos deles e sobre como entraram em extinção.

Livros

Alice no País das Maravilhas, de Lewis Carroll, Scipione.

Em uma tarde tranquila de verão, Alice encontra um coelho branco um tanto diferente. Curiosa, ela decide segui-lo, embarcando em uma aventura fantástica para um mundo bastante diferente. O que será que pode acontecer com Alice?

Timo e a fantástica dança das letras, de Karl-Dieter Bünting, Melhoramentos.

Timo não consegue terminar sua lição e resolve seguir o conselho da sua amiga: dorme com o livro debaixo do travesseiro! É assim que ele descobre um portal incrível para a Linguânia e vive aventuras maravilhosas, conhecendo a história da escrita, do alfabeto e até dos códigos usados no computador.

Vídeo

Relembrando o passado - Quintal da Cultura. 10 min 15 s

Disponível em: <https://www.youtube.com/watch?v=wMovd17kxWc>. Acesso em: 24 abr. 2020.

Ludovico e Doroteia decidem relembrar o passado vendo fotos antigas, mas sentem falta de uma foto...

Livros

Marcelino Pedregulho, de Jean-Jacques Sempé, Cosac Naify.

Marcelino não era entendido pelos colegas: ele enrubescia sem motivo e não ficava vermelho quando todos ficavam. Por isso, ele se distanciava das outras crianças. Mas um dia ele conheceu um menino diferente: o Renê Rocha, que espirrava o tempo todo, mesmo sem estar resfriado. Será que os dois vão conseguir entender suas diferenças e iniciar uma amizade?

Memória e esquecimento, de Brigitte Labbé e P. F. Dupont-Beurier, Scipione.

Sem a memória, a cada dia que a gente acordasse, seria preciso começar tudo de novo: lembrar o nosso nome, com quem moramos, o que já aconteceu na nossa vida e no mundo... Tudo ficaria muito difícil! Este livro mostra como a memória é importante e revela os cuidados que devemos ter para preservá-la.

BIBLIOGRAFIA

ADAMS, M. J. et al. *Consciência fonológica em crianças pequenas*. Porto Alegre: Artmed, 2006.

ANTUNES, I. *Gramática contextualizada*: limpando "o pó das ideias simples". São Paulo: Parábola Editorial, 2007.

_____. *Muito além da gramática*: por um ensino de línguas sem pedras no caminho. São Paulo: Parábola Editorial, 2007.

AZEREDO, J. C. de. *Gramática Houaiss da língua portuguesa*. São Paulo: Publifolha, 2014.

BAGNO, M. *Gramática pedagógica do português brasileiro*. São Paulo: Parábola Editorial, 2012.

BECHARA, E. *Moderna gramática portuguesa*. Rio de Janeiro: Nova Fronteira, 2019.

BELINTANE, C. *Oralidade e alfabetização*: uma nova abordagem da alfabetização e do letramento. São Paulo: Cortez, 2013.

BORGES, D. S. C.; MARTURANO, E. M. *Alfabetização em valores humanos*: um método para o ensino de habilidades sociais. São Paulo: Summus, 2012.

BRASIL. Ministério da Educação. Secretaria de Educação Fundamental. *Base Nacional Comum Curricular (BNCC)*, Brasília, 2017.

CAGLIARI, L. C. *Alfabetização & linguística*. São Paulo: Scipione, 2009. (Pensamento e ação na sala de aula).

CAMARA JÚNIOR, J. M. *Dicionário de linguística e gramática*: referente à língua portuguesa. Petrópolis: Vozes, 2009.

_____. *Manual de expressão oral e escrita*. Petrópolis: Vozes, 2012.

CEGALLA, D. P. *Dicionário de dificuldades da língua portuguesa*. Rio de Janeiro: Lexikon, 2009.

CUNHA, C.; CINTRA, L. F. L. *Nova gramática do português contemporâneo*. Rio de Janeiro: Nova Fronteira, 2013.

DEMO, P. *Habilidades e competências*: no século XXI. Porto Alegre: Mediação, 2010.

DUDENEY, G.; HOCKLY, N.; PEGRUM, M. *Letramentos digitais*. Tradução: Marcos Marciolino. São Paulo: Parábola Editorial, 2016.

INSTITUTO ANTÔNIO HOUAISS; AZEREDO, J. C. (Coord.). *Escrevendo pela nova ortografia*: como usar as regras do novo acordo ortográfico da língua portuguesa. São Paulo: Publifolha, 2013.

LUFT, C. P. *Novo Guia Ortográfico*. São Paulo: Globo, 2013.

MICOTTI, M. C. de O. (Org.). *Leitura e escrita*: como aprender com êxito por meio da pedagogia de projetos. São Paulo: Contexto, 2009.

MORAIS, A. G. *Ortografia: ensinar e aprender*. São Paulo: Ática, 2012.

_____. *Sistema de escrita alfabética*. São Paulo: Melhoramentos, 2012. (Como eu ensino).

NÓBREGA, M. J. *Ortografia*. São Paulo: Melhoramentos, 2013. (Como eu ensino).

PERINI, M. A. *Para uma nova gramática do português*. São Paulo: Ática, 2007.

SAVIOLI, F. P.; FIORIN, J. L. *Para entender o texto*: leitura e redação. São Paulo: Ática, 2007.

TRAVAGLIA, L. C. *Na trilha da gramática*: conhecimento linguístico na alfabetização e letramento. São Paulo: Cortez, 2013.

ZABALA, A.; ARNAU, L. *Como aprender e ensinar competências*. Porto Alegre: Artmed, 2010.